TRANZLATY

La Langue est pour tout le Monde

Język jest dla każdego

L'appel de la forêt

Zew krwi

Jack London

Français / Polsku

Dans le primitif
Do prymitywu

Buck ne lisait pas les journaux/
Buck nie czytał gazet.
S'il avait lu les journaux, il aurait su que des problèmes se préparaient.
Gdyby czytał gazety, wiedziałby, że szykują się kłopoty.
Il y avait des problèmes non seulement pour lui-même, mais pour tous les chiens de la marée.
Kłopoty dotyczyły nie tylko jego, ale i każdego psa wodnego.
Tout chien musclé et aux poils longs et chauds allait avoir des ennuis.
Każdy pies o silnych mięśniach, ciepłej i długiej sierści będzie miał kłopoty.
De Puget Bay à San Diego, aucun chien ne pouvait échapper à ce qui allait arriver.
Od Puget Bay do San Diego żaden pies nie mógł uciec przed tym, co nadchodziło.
Des hommes, tâtonnant dans l'obscurité de l'Arctique, avaient trouvé un métal jaune.
Mężczyźni, błądząc w arktycznej ciemności, znaleźli żółty metal.
Les compagnies de navigation et de transport étaient à la recherche de cette découverte.
Odkryciem tym interesowały się firmy żeglugowe i transportowe.
Des milliers d'hommes se précipitaient vers le Nord.
Tysiące ludzi ruszyło na Północ.
Ces hommes voulaient des chiens, et les chiens qu'ils voulaient étaient des chiens lourds.
Ci mężczyźni chcieli psów i psy, których chcieli, były ciężkie.
Chiens dotés de muscles puissants pour travailler.
Psy o silnych mięśniach, dzięki którym mogą ciężko pracować.
Chiens avec des manteaux de fourrure pour les protéger du gel.

Psy z futrzaną sierścią chroniącą je przed mrozem.

Buck vivait dans une grande maison dans la vallée ensoleillée de Santa Clara.

Buck mieszkał w dużym domu w słonecznej Dolinie Santa Clara.

La maison du juge Miller s'appelait ainsi.

Dom sędziego Millera nazywano jego domem.

Sa maison se trouvait en retrait de la route, à moitié cachée parmi les arbres.

Jego dom stał z dala od drogi, częściowo ukryty wśród drzew.

On pouvait apercevoir la large véranda qui courait autour de la maison.

Można było dostrzec fragment szerokiej werandy otaczającej dom.

On accédait à la maison par des allées gravillonnées.

Do domu prowadziły żwirowe podjazdy.

Les sentiers serpentaient à travers de vastes pelouses.

Ścieżki wiły się przez rozległe trawniki.

Au-dessus de nos têtes se trouvaient les branches entrelacées de grands peupliers.

Nad naszymi głowami przeplatały się gałęzie wysokich topoli.

À l'arrière de la maison, les choses étaient encore plus spacieuses.

W tylnej części domu było jeszcze przestronniej.

Il y avait de grandes écuries, où une douzaine de palefreniers discutaient

Były tam duże stajnie, w których rozmawiało kilkunastu stajennych

Il y avait des rangées de maisons de serviteurs recouvertes de vigne

Stały tam rzędy domków dla służby porośniętych winoroślą

Et il y avait une gamme infinie et ordonnée de toilettes extérieures

I była tam nieskończona i uporządkowana kolekcja ubikacji

Longues tonnelles de vigne, pâturages verts, vergers et parcelles de baies.

Długie winnice, zielone pastwiska, sady i pola jagodowe.

Ensuite, il y avait l'usine de pompage du puits artésien.

Następnie znajdowała się tam stacja pompująca wodę do studni artezyjskiej.

Et il y avait le grand réservoir en ciment rempli d'eau.

A tam był wielki cementowy zbiornik wypełniony wodą.

C'est ici que les garçons du juge Miller ont fait leur plongeon matinal.

Oto synowie sędziego Millera biorący poranny prysznic.

Et ils se sont rafraîchis là-bas aussi dans l'après-midi chaud.

I tam też mogli się ochłodzić w upalne popołudnie.

Et sur ce grand domaine, Buck était celui qui régnait sur tout.

A nad całym tym wielkim terytorium rządził Buck.

Buck est né sur cette terre et y a vécu toutes ses quatre années.

Buck urodził się na tej ziemi i mieszkał tutaj przez wszystkie cztery lata.

Il y avait bien d'autres chiens, mais ils n'avaient pas vraiment d'importance.

Owszem, były też inne psy, ale tak naprawdę nie miały one większego znaczenia.

D'autres chiens étaient attendus dans un endroit aussi vaste que celui-ci.

W tak ogromnym miejscu spodziewano się innych psów.

Ces chiens allaient et venaient, ou vivaient à l'intérieur des chenils très fréquentés.

Te psy przychodziły i odchodziły, albo mieszkały w zatłoczonych kojcach.

Certains chiens vivaient cachés dans la maison, comme Toots et Ysabel.

Niektóre psy mieszkały w ukryciu w domu, tak jak Toots i Ysabel.

Toots était un carlin japonais, Ysabel un chien nu mexicain.

Toots był japońskim mopsem, a Ysabel meksykańskim psem bez sierści.

Ces étranges créatures sortaient rarement de la maison.

Te dziwne stworzenia rzadko wychodziły poza dom.

Ils n'ont pas touché le sol, ni respiré l'air libre à l'extérieur.

Nie dotykały ziemi, ani nie wąchały powietrza na zewnątrz.

Il y avait aussi les fox-terriers, au moins une vingtaine.

Były tam również foksteriery, w liczbie co najmniej dwudziestu.

Ces terriers aboyaient férocement sur Toots et Ysabel à l'intérieur.

Te teriery szczekały zawzięcie na Toots i Ysabel, gdy były w domu.

Toots et Ysabel sont restés derrière les fenêtres, à l'abri du danger.

Toots i Ysabel pozostały za oknami, bezpieczne od niebezpieczeństwa.

Ils étaient gardés par des domestiques munies de balais et de serpillères.

Strzegły ich pokojówki z miotłami i mopami.

Mais Buck n'était pas un chien de maison, et il n'était pas non plus un chien de chenil.

Ale Buck nie był psem domowym, ani też nie był psem trzymanym w kojcu.

L'ensemble de la propriété appartenait à Buck comme son royaume légitime.

Cała posiadłość należała do Bucka i była jego prawowitym królestwem.

Buck nageait dans le réservoir ou partait à la chasse avec les fils du juge.

Buck pływał w akwarium lub chodził na polowanie z synami sędziego.

Il marchait avec Mollie et Alice tôt ou tard le soir.

Spacerował z Mollie i Alice wczesnym rankiem lub późnym wieczorem.

Lors des nuits froides, il s'allongeait devant le feu de la bibliothèque avec le juge.

W chłodne noce leżał przed kominkiem w bibliotece z Sędzią.

Buck a promené les petits-fils du juge sur son dos robuste.

Buck na swoim silnym grzbiecie woził wnuków sędziego.

Il roula dans l'herbe avec les garçons, les surveillant de près.
Tarzał się w trawie z chłopcami, pilnując ich czujnie.
Ils s'aventurèrent jusqu'à la fontaine et même au-delà des champs de baies.
Wybrali się do fontanny i przeszli obok pól jagodowych.
Parmi les fox terriers, Buck marchait toujours avec une fierté royale.
Wśród foksterierów Buck zawsze kroczył z królewską dumą.
Il ignora Toots et Ysabel, les traitant comme s'ils étaient de l'air.
Zignorował Toots i Ysabel, traktując je jak powietrze.
Buck régnait sur toutes les créatures vivantes sur les terres du juge Miller.
Buck sprawował władzę nad wszystkimi istotami żyjącymi na ziemi sędziego Millera.
Il régnait sur les animaux, les insectes, les oiseaux et même les humains.
Panował nad zwierzętami, owadami, ptakami, a nawet ludźmi.
Le père de Buck, Elmo, était un énorme et fidèle Saint-Bernard.
Ojciec Bucka, Elmo, był wielkim i lojalnym bernardynam.
Elmo n'a jamais quitté le juge et l'a servi fidèlement.
Elmo nigdy nie odstępował Sędziego i wiernie mu służył.
Buck semblait prêt à suivre le noble exemple de son père.
Wydawało się, że Buck był gotowy pójść w ślady ojca.
Buck n'était pas aussi gros, pesant cent quarante livres.
Buck nie był aż tak duży, ważył sto czterdzieści funtów.
Sa mère, Shep, était un excellent chien de berger écossais.
Jego matka, Shep, była wspaniałym szkockim owczarkiem.
Mais même avec ce poids, Buck marchait avec une présence royale.
Ale nawet przy tej wadze Buck chodził z majestatyczną postawą.
Cela venait de la bonne nourriture et du respect qu'il recevait toujours.

Wynikało to z dobrego jedzenia i szacunku, jakim zawsze się cieszył.

Pendant quatre ans, Buck a vécu comme un noble gâté.

Przez cztery lata Buck żył jak rozpieszczony szlachcic.

Il était fier de lui, et même légèrement égoïste.

Był z siebie dumny, a nawet lekko egoistyczny.

Ce genre de fierté était courant chez les seigneurs des régions reculées.

Tego rodzaju duma była powszechna wśród odległych właścicieli ziemskich.

Mais Buck s'est sauvé de devenir un chien de maison choyé.

Jednak Buck uchronił się przed zostaniem rozpieszczonym psem domowym.

Il est resté mince et fort grâce à la chasse et à l'exercice.

Dzięki polowaniom i ćwiczeniom zachował szczupłą i silną sylwetkę.

Il aimait profondément l'eau, comme les gens qui se baignent dans les lacs froids.

Kochał wodę całym sercem, jak ludzie kąpiący się w zimnych jeziorach.

Cet amour pour l'eau a gardé Buck fort et en très bonne santé.

Miłość do wody sprawiała, że Buck był silny i zdrowy.

C'était le chien que Buck était devenu à l'automne 1897.

Właśnie w takiego psa zamienił się Buck jesienią 1897 roku.

Lorsque la découverte du Klondike a attiré des hommes vers le Nord gelé.

Kiedy uderzenie pioruna z Klondike przyciągnęło ludzi na mroźną Północ.

Des gens du monde entier se sont précipités vers ce pays froid.

Ludzie z całego świata przybywali do zimnej krainy.

Buck, cependant, ne lisait pas les journaux et ne comprenait pas les nouvelles.

Buck jednak nie czytał gazet i nie rozumiał wiadomości.

Il ne savait pas que Manuel était un homme désagréable à fréquenter.

Nie wiedział, że Manuel jest złym człowiekiem.

Manuel, qui aidait au jardin, avait un problème grave.

Manuel, który pomagał w ogrodzie, miał poważny problem.

Manuel était accro aux jeux de loterie chinois.

Manuel był uzależniony od hazardu w chińskiej loterii.

Il croyait également fermement en un système fixe pour gagner.

Wierzył także mocno w ustalony system wygrywania.

Cette croyance rendait son échec certain et inévitable.

To przekonanie uczyniło jego porażkę pewną i nieuniknioną.

Jouer un système exige de l'argent, ce qui manquait à Manuel.

Granie w ten system wymaga pieniędzy, których Manuelowi brakowało.

Son salaire suffisait à peine à subvenir aux besoins de sa femme et de ses nombreux enfants.

Jego zarobki ledwo wystarczały na utrzymanie żony i licznego grona dzieci.

La nuit où Manuel a trahi Buck, les choses étaient normales.

W noc, kiedy Manuel zdradził Bucka, wszystko było normalne.

Le juge était présent à une réunion de l'Association des producteurs de raisins secs.

Sędzia był na spotkaniu Stowarzyszenia Plantatorów Rodzynek.

Les fils du juge étaient alors occupés à former un club d'athlétisme.

Synowie sędziego byli wówczas zajęci zakładaniem klubu sportowego.

Personne n'a vu Manuel et Buck sortir par le verger.

Nikt nie widział Manuela i Bucka wychodzących przez sad.

Buck pensait que cette promenade n'était qu'une simple promenade nocturne.

Buck myślał, że ten spacer będzie po prostu zwykłym nocnym spacerem.

Ils n'ont rencontré qu'un seul homme à la station du drapeau, à College Park.

Spotkali tylko jednego mężczyznę na stacji flagowej w College Park.

Cet homme a parlé à Manuel et ils ont échangé de l'argent.

Ten mężczyzna rozmawiał z Manuelem i wymienili się pieniędzmi.

« Emballez les marchandises avant de les livrer », a-t-il suggéré.

„Zapakuj towar przed dostarczeniem" – zasugerował.

La voix de l'homme était rauque et impatiente lorsqu'il parlait.

Głos mężczyzny był szorstki i niecierpliwy, gdy mówił.

Manuel a soigneusement attaché une corde épaisse autour du cou de Buck.

Manuel ostrożnie zawiązał grubą linę wokół szyi Bucka.

« Tournez la corde et vous l'étoufferez abondamment »

„Skręć linę, a go mocno udusisz"

L'étranger émit un grognement, montrant qu'il comprenait bien.

Nieznajomy chrząknął, pokazując, że dobrze zrozumiał.

Buck a accepté la corde avec calme et dignité tranquille ce jour-là.

Tego dnia Buck przyjął linę ze spokojem i cichą godnością.

C'était un acte inhabituel, mais Buck faisait confiance aux hommes qu'il connaissait.

Było to niezwykłe posunięcie, ale Buck ufał ludziom, których znał.

Il croyait que leur sagesse allait bien au-delà de sa propre pensée.

Wierzył, że ich mądrość wykracza daleko poza jego własne myślenie.

Mais ensuite la corde fut remise entre les mains de l'étranger.

Ale potem lina została przekazana w ręce nieznajomego.

Buck émit un grognement sourd qui avertissait avec une menace silencieuse.

Buck wydał z siebie niski warkot, w którym było słychać ostrzegawcze, ciche zagrożenie.

Il était fier et autoritaire, et voulait montrer son mécontentement.

Był dumny i władczy, i chciał okazać swoje niezadowolenie.

Buck pensait que son avertissement serait compris comme un ordre.

Buck był przekonany, że jego ostrzeżenie zostanie zrozumiane jako rozkaz.

À sa grande surprise, la corde se resserra rapidement autour de son cou épais.

Ku jego zaskoczeniu, lina zacisnęła się mocno wokół jego grubej szyi.

Son air fut coupé et il commença à se battre dans une rage soudaine.

Stracił dopływ powietrza i zaczął walczyć w nagłym przypływie wściekłości.

Il s'est jeté sur l'homme, qui a rapidement rencontré Buck en plein vol.

Skoczył na mężczyznę, który szybko spotkał się z Buckiem w locie.

L'homme attrapa Buck par la gorge et le fit habilement tourner dans les airs.

Mężczyzna złapał Bucka za gardło i zręcznie wykręcił mu ciało w powietrzu.

Buck a été violemment projeté au sol, atterrissant à plat sur le dos.

Buck został rzucony na ziemię i wylądował płasko na plecach.

La corde l'étranglait alors cruellement tandis qu'il donnait des coups de pied sauvages.

Lina dusiła go teraz boleśnie, podczas gdy on kopał jak szalony.

Sa langue tomba, sa poitrine se souleva, mais il ne reprit pas son souffle.

Język mu wypadł, pierś unosiła się i opadała, ale nie mógł złapać oddechu.

Il n'avait jamais été traité avec une telle violence de sa vie.

Nigdy w życiu nie spotkał się z tak brutalnym traktowaniem.

Il n'avait jamais été rempli d'une fureur aussi profonde auparavant.

Nigdy wcześniej nie czuł tak głębokiej wściekłości.

Mais le pouvoir de Buck s'est estompé et ses yeux sont devenus vitreux.

Jednak moc Bucka osłabła, a jego oczy zrobiły się szklane.

Il s'est évanoui juste au moment où un train s'arrêtait à proximité.

Zemdlał akurat w chwili, gdy w pobliżu zatrzymano pociąg.

Les deux hommes le jetèrent alors rapidement dans le fourgon à bagages.

Następnie dwaj mężczyźni szybko wrzucili go do wagonu bagażowego.

La chose suivante que Buck ressentit fut une douleur dans sa langue enflée.

Następną rzeczą, jaką poczuł Buck, był ból w spuchniętym języku.

Il se déplaçait dans un chariot tremblant, à peine conscient.

Poruszał się na trzęsącym się wózku, ledwie przytomny.

Le cri aigu d'un sifflet de train indiqua à Buck où il se trouvait.

Głośny dźwięk gwizdka pociągu wskazał Buckowi jego lokalizację.

Il avait souvent roulé avec le juge et connaissait ce sentiment.

Często jeździł z Sędzią i znał to uczucie.

C'était le choc unique de voyager à nouveau dans un fourgon à bagages.

To było niesamowite przeżycie, gdy znów podróżowałem wagonem bagażowym.

Buck ouvrit les yeux et son regard brûla de rage.

Buck otworzył oczy, a jego spojrzenie płonęło wściekłością.

C'était la colère d'un roi fier déchu de son trône.

To był gniew dumnego króla, strąconego z tronu.

Un homme a tenté de l'attraper, mais Buck a frappé en premier.

Jakiś mężczyzna wyciągnął rękę, żeby go złapać, ale Buck zaatakował pierwszy.

Il enfonça ses dents dans la main de l'homme et la serra fermement.

Zatopił zęby w dłoni mężczyzny i mocno ją ścisnął.

Il ne l'a pas lâché jusqu'à ce qu'il s'évanouisse une deuxième fois.

Nie puścił mnie, dopóki nie stracił przytomności po raz drugi.

« Ouais, il a des crises », murmura l'homme au bagagiste.

„Tak, ma napady" – mruknął mężczyzna do bagażowego.

Le bagagiste avait entendu la lutte et s'était approché.

Bagażowy usłyszał odgłosy walki i podszedł bliżej.

« Je l'emmène à Frisco pour le patron », a expliqué l'homme.

„Zabieram go do Frisco dla szefa" – wyjaśnił mężczyzna.

« Il y a un excellent vétérinaire qui dit pouvoir les guérir. »

„Jest tam świetny lekarz-ps, który twierdzi, że potrafi je wyleczyć."

Plus tard dans la soirée, l'homme a donné son propre récit complet.

Później tej samej nocy mężczyzna złożył własną, szczegółową relację.

Il parlait depuis un hangar derrière un saloon sur les quais.

Przemawiał z szopy za saloonem na nabrzeżu.

« Tout ce qu'on m'a donné, c'était cinquante dollars », se plaignit-il au vendeur du saloon.

„Dano mi tylko pięćdziesiąt dolarów" – poskarżył się właścicielowi saloonu.

« Je ne le referais pas, même pour mille dollars en espèces. »

„Nie zrobiłbym tego ponownie, nawet za tysiąc w gotówce".

Sa main droite était étroitement enveloppée dans un tissu ensanglanté.

Jego prawa ręka była ciasno owinięta zakrwawioną tkaniną.

Son pantalon était déchiré du genou au pied.

Jego nogawka była szeroko rozdarta od kolana do stopy.

« Combien a été payé l'autre idiot ? » demanda le vendeur du saloon.

„Ile zarobił ten drugi facet?" – zapytał właściciel saloonu.

« Cent », répondit l'homme, « il n'accepterait pas un centime de moins. »

„Sto" – odpowiedział mężczyzna – „nie wziąłby ani centa mniej".

« Cela fait cent cinquante », dit le vendeur du saloon.

„To daje sto pięćdziesiąt" – powiedział właściciel saloonu.

« Et il vaut tout ça, sinon je ne suis pas meilleur qu'un imbécile. »

„I on jest tego wszystkiego wart, w przeciwnym razie jestem niczym więcej niż tępym durniem".

L'homme ouvrit les emballages pour examiner sa main.

Mężczyzna otworzył opakowanie, aby obejrzeć swoją dłoń.

La main était gravement déchirée et couverte de sang séché.

Ręka była poważnie rozdarta i pokryta zaschniętą krwią.

« Si je n'ai pas l' hydrophobie… » commença-t-il à dire.

„Jeśli nie dostanę wścieklizny…" zaczął mówić.

« Ce sera parce que tu es né pour être pendu », dit-il en riant.

„To dlatego, że urodziłeś się, by wisieć" – rozległ się śmiech.

« Viens m'aider avant de partir », lui a-t-on demandé.

„Przyjdź i pomóż mi, zanim pójdziesz" – poproszono go.

Buck était dans un état second à cause de la douleur dans sa langue et sa gorge.

Buck był oszołomiony bólem języka i gardła.

Il était à moitié étranglé et pouvait à peine se tenir debout.

Był na wpół uduszony i ledwo mógł ustać na nogach.

Pourtant, Buck essayait de faire face aux hommes qui l'avaient blessé ainsi.

Buck nadal próbował stawić czoła ludziom, którzy go tak skrzywdzili.

Mais ils le jetèrent à terre et l'étranglèrent une fois de plus.

Jednak oni znowu go przewrócili i udusili.

Ce n'est qu'à ce moment-là qu'ils ont pu scier son lourd collier de laiton.

Dopiero wtedy mogli odciąć mu ciężki mosiężny kołnierz.

Ils ont retiré la corde et l'ont poussé dans une caisse.

Zdjęli mu linę i wrzucili do skrzyni.

La caisse était petite et avait la forme d'une cage en fer brut.

Skrzynia była mała i miała kształt prostej żelaznej klatki.

Buck resta allongé là toute la nuit, rempli de colère et d'orgueil blessé.

Buck leżał tam całą noc, przepełniony gniewem i zranioną dumą.

Il ne pouvait pas commencer à comprendre ce qui lui arrivait.

Nie mógł pojąć, co się z nim dzieje.

Pourquoi ces hommes étranges le gardaient-ils dans cette petite caisse ?

Dlaczego ci obcy mężczyźni trzymali go w tej małej klatce?

Que voulaient-ils de lui et pourquoi cette cruelle captivité ?

Czego od niego chcieli i dlaczego skazali go na tak okrutną niewolę?

Il ressentait une pression sombre, un sentiment de catastrophe qui se rapprochait.

Poczuł mroczną presję; przeczucie, że katastrofa jest coraz bliżej.

C'était une peur vague, mais elle pesait lourdement sur son esprit.

Był to nieokreślony strach, ale mocno zakorzenił się w jego duszy.

Il a sursauté à plusieurs reprises lorsque la porte du hangar a claqué.

Kilkakrotnie podskakiwał, gdy drzwi szopy zatrzeszczały.

Il s'attendait à ce que le juge ou les garçons apparaissent et le sauvent.

Spodziewał się, że sędzia lub chłopcy przyjdą i go uratują.

Mais à chaque fois, seul le gros visage du tenancier de bar apparaissait à l'intérieur.

Ale za każdym razem do środka zaglądała tylko tłusta twarz właściciela saloonu.

Le visage de l'homme était éclairé par la faible lueur d'une bougie de suif.

Twarz mężczyzny oświetlał słaby blask łojowej świecy.

À chaque fois, l'aboiement joyeux de Buck se transformait en un grognement bas et colérique.

Za każdym razem radosne szczekanie Bucka zmieniało się w niskie, gniewne warczenie.

Le tenancier du saloon l'a laissé seul pour la nuit dans la caisse
Właściciel saloonu zostawił go samego na noc w skrzyni
Mais quand il se réveilla le matin, d'autres hommes arrivèrent.
Ale gdy się rano obudził, nadchodziło więcej mężczyzn.
Quatre hommes sont venus et ont ramassé la caisse avec précaution, sans un mot.
Przyszło czterech mężczyzn i ostrożnie, nie mówiąc ani słowa, podnieśli skrzynię.
Buck comprit immédiatement dans quelle situation il se trouvait.
Buck od razu zdał sobie sprawę z sytuacji, w jakiej się znalazł.
Ils étaient d'autres bourreaux qu'il devait combattre et craindre.
Byli oni dla niego kolejnymi prześladowcami, z którymi musiał walczyć i których musiał się bać.
Ces hommes avaient l'air méchants, en haillons et très mal soignés.
Ci mężczyźni wyglądali groźnie, byli obdarci i bardzo źle ubrani.
Buck grogna et se jeta férocement sur eux à travers les barreaux.
Buck warknął i rzucił się na nich z wściekłością przez kraty.
Ils se sont contentés de rire et de le frapper avec de longs bâtons en bois.
Oni tylko się śmiali i dźgali go długimi, drewnianymi kijami.
Buck a mordu les bâtons, puis s'est rendu compte que c'était ce qu'ils aimaient.
Buck ugryzł patyki, ale potem zrozumiał, że to właśnie one lubią.
Il s'allongea donc tranquillement, maussade et brûlant d'une rage silencieuse.

Więc położył się spokojnie, ponury i płonący cichą wściekłością.

Ils ont soulevé la caisse dans un chariot et sont partis avec lui.

Załadowali skrzynię na wóz i odjechali.

La caisse, avec Buck enfermé à l'intérieur, changeait souvent de mains.

Skrzynia, w której znajdował się zamknięty Buck, często zmieniała właścicieli.

Les employés du bureau express ont pris les choses en main et l'ont traité brièvement.

Pracownicy biura ekspresowego przejęli sprawę i krótko się nią zajęli.

Puis un autre chariot transporta Buck à travers la ville bruyante.

Potem inny wóz wiózł Bucka przez hałaśliwe miasto.

Un camion l'a emmené avec des cartons et des colis sur un ferry.

Ciężarówka zabrała go wraz z pudełkami i paczkami na prom.

Après la traversée, le camion l'a déchargé dans un dépôt ferroviaire.

Po przekroczeniu granicy ciężarówka wysadziła go na dworcu kolejowym.

Finalement, Buck fut placé dans une voiture express en attente.

Na koniec Buck został umieszczony w czekającym wagonie ekspresowym.

Pendant deux jours et deux nuits, les trains ont emporté la voiture express.

Przez dwie doby pociągi odciągały wagon ekspresowy.

Buck n'a ni mangé ni bu pendant tout le douloureux voyage.

Buck nie jadł i nie pił przez całą bolesną podróż.

Lorsque les messagers express ont essayé de l'approcher, il a grogné.

Kiedy kurierzy próbowali się do niego zbliżyć, warknął.

Ils ont réagi en se moquant de lui et en le taquinant cruellement.

W odpowiedzi naśmiewali się z niego i okrutnie go prześladowali.

Buck se jeta sur les barreaux, écumant et tremblant

Buck rzucił się na kraty, pieniąc się i trzęsąc

ils ont ri bruyamment et l'ont raillé comme des brutes de cour d'école.

śmiali się głośno i drwili z niego jak szkolni łobuzi.

Ils aboyaient comme de faux chiens et battaient des bras.

Szczekali jak sztuczne psy i machali rękami.

Ils ont même chanté comme des coqs juste pour le contrarier davantage.

Nawet piały jak koguty, żeby go jeszcze bardziej zdenerwować.

C'était un comportement stupide, et Buck savait que c'était ridicule.

To było głupie zachowanie i Buck wiedział, że jest śmieszne.

Mais cela n'a fait qu'approfondir son sentiment d'indignation et de honte.

Ale to tylko pogłębiło jego poczucie oburzenia i wstydu.

Il n'a pas été trop dérangé par la faim pendant le voyage.

Podczas podróży głód nie dokuczał mu zbytnio.

Mais la soif provoquait une douleur aiguë et une souffrance insupportable.

Jednak pragnienie powodowało ostry ból i nieznośne cierpienie.

Sa gorge sèche et enflammée et sa langue brûlaient de chaleur.

Jego suche, zapalone gardło i język paliły się od gorąca.

Cette douleur alimentait la fièvre qui montait dans son corps fier.

Ból ten podsycał gorączkę narastającą w jego dumnym ciele.

Buck était reconnaissant pour une seule chose au cours de ce procès.

Podczas tego procesu Buck był wdzięczny za jedną rzecz.

La corde avait été retirée de son cou épais.

Zdjęto mu linę z grubej szyi.

La corde avait donné à ces hommes un avantage injuste et cruel.

Lina dała tym mężczyznom niesprawiedliwą i okrutną przewagę.

Maintenant, la corde avait disparu et Buck jura qu'elle ne reviendrait jamais.

Teraz liny nie było i Buck przysiągł, że nigdy nie wróci.

Il a décidé qu'aucune corde ne passerait plus jamais autour de son cou.

Postanowił, że nigdy więcej nie zawiąże sobie liny wokół szyi.

Pendant deux longs jours et deux longues nuits, il souffrit sans nourriture.

Przez dwie długie dni i noce cierpiał bez jedzenia.

Et pendant ces heures, il a développé une énorme rage en lui.

A w tych godzinach narastała w nim ogromna wściekłość.

Ses yeux sont devenus injectés de sang et sauvages à cause d'une colère constante.

Jego oczy zrobiły się przekrwione i dzikie od nieustannego gniewu.

Il n'était plus Buck, mais un démon aux mâchoires claquantes.

Nie był już Buckiem, ale demonem o kłapiących szczękach.

Même le juge n'aurait pas reconnu cette créature folle.

Nawet Sędzia nie poznałby tego szalonego stworzenia.

Les messagers express ont soupiré de soulagement lorsqu'ils ont atteint Seattle

Kurierzy ekspresowi odetchnęli z ulgą, gdy dotarli do Seattle

Quatre hommes ont soulevé la caisse et l'ont amenée dans une cour arrière.

Czterech mężczyzn podniosło skrzynię i przeniosło ją na podwórko.

La cour était petite, entourée de murs hauts et solides.

Podwórko było małe, otoczone wysokimi i solidnymi murami.

Un grand homme sortit, vêtu d'un pull rouge affaissé.

Wyszedł wielki mężczyzna w obwisłej czerwonej koszuli-swetrze.

Il a signé le carnet de livraison d'une écriture épaisse et audacieuse.

Podpisał księgę dostaw grubym i wyraźnym pismem.

Buck sentit immédiatement que cet homme était son prochain bourreau.

Buck od razu wyczuł, że ten człowiek będzie jego następnym prześladowcą.

Il se jeta violemment sur les barreaux, les yeux rouges de fureur.

Rzucił się gwałtownie na kraty, jego oczy były czerwone ze złości.

L'homme sourit simplement sombrement et alla chercher une hachette.

Mężczyzna tylko uśmiechnął się ponuro i poszedł po siekierę.

Il portait également une massue dans sa main droite épaisse et forte.

W prawej, grubej i silnej ręce trzymał także pałkę.

« Tu vas le sortir maintenant ? » demanda le chauffeur, inquiet.

„Zamierzasz go teraz wyprowadzić?" – zapytał zaniepokojony kierowca.

« Bien sûr », dit l'homme en enfonçant la hachette dans la caisse comme levier.

„Jasne" – powiedział mężczyzna, wbijając siekierę w skrzynię jako dźwignię.

Les quatre hommes se dispersèrent instantanément et sautèrent sur le mur de la cour.

Czterech mężczyzn rozbiegło się natychmiast i wskoczyło na mur otaczający podwórze.

Depuis leurs endroits sûrs, ils attendaient d'assister au spectacle.

Ze swoich bezpiecznych miejsc na górze czekali, aby oglądać widowisko.

Buck se jeta sur le bois éclaté, le mordant et le secouant violemment.

Buck rzucił się na drzazgi, gryząc i potrząsając nimi zawzięcie.

Chaque fois que la hachette touchait la cage, Buck était là pour l'attaquer.

Za każdym razem, gdy topór uderzał w klatkę, Buck był tam, aby ją zaatakować.

Il grogna et claqua des dents avec une rage folle, impatient d'être libéré.

Warczał i rzucał się z dziką wściekłością, pragnąc jak najszybciej zostać uwolnionym.

L'homme dehors était calme et stable, concentré sur sa tâche.

Mężczyzna na zewnątrz był spokojny i opanowany, skupiony na swoim zadaniu.

« Bon, alors, espèce de diable aux yeux rouges », dit-il lorsque le trou fut grand.

„No dobrze, czerwonooki diable" – powiedział, gdy dziura była już duża.

Il laissa tomber la hachette et prit le gourdin dans sa main droite.

Upuścił topór i wziął pałkę w prawą rękę.

Buck ressemblait vraiment à un diable ; les yeux injectés de sang et flamboyants.

Buck rzeczywiście wyglądał jak diabeł; jego oczy były nabiegłe krwią i płonęły.

Son pelage se hérissait, de la mousse s'échappait de sa bouche, ses yeux brillaient.

Jego sierść była zjeżona, piana pieniła się na pysku, a oczy błyszczały.

Il rassembla ses muscles et se jeta directement sur le pull rouge.

Napiął mięśnie i rzucił się prosto na czerwony sweter.

Cent quarante livres de fureur s'abattèrent sur l'homme calme.

Sto czterdzieści funtów wściekłości poleciało w stronę spokojnego człowieka.

Juste avant que ses mâchoires ne se referment, un coup terrible le frappa.

Tuż przed tym, jak jego szczęki się zacisnęły, otrzymał straszliwy cios.

Ses dents claquèrent l'une contre l'autre, rien d'autre que l'air

Jego zęby zacisnęły się na samym powietrzu

une secousse de douleur résonna dans son corps

wstrząs bólu przeszył jego ciało

Il a fait un saut périlleux en plein vol et s'est écrasé sur le dos et sur le côté.

Obrócił się w powietrzu i upadł na plecy i bok.

Il n'avait jamais ressenti auparavant le coup d'un gourdin et ne pouvait pas le saisir.

Nigdy wcześniej nie poczuł uderzenia kijem i nie potrafił tego pojąć.

Avec un grognement strident, mi-aboiement, mi-cri, il bondit à nouveau.

Z wrzaskiem, który był częściowo szczekaniem, częściowo krzykiem, skoczył ponownie.

Un autre coup brutal le frappa et le projeta au sol.

Kolejny brutalny cios powalił go na ziemię.

Cette fois, Buck comprit : c'était la lourde massue de l'homme.

Tym razem Buck zrozumiał — to była wina ciężkiego pałki tego mężczyzny.

Mais la rage l'aveuglait, et il n'avait aucune idée de retraite.

Lecz wściekłość go zaślepiła i nie myślał o ucieczce.

Douze fois il s'est lancé et douze fois il est tombé.

Dwanaście razy rzucał się i dwanaście razy upadał.

Le gourdin en bois le frappait à chaque fois avec une force impitoyable et écrasante.

Drewniana maczuga miażdżyła go za każdym razem z bezlitosną, miażdżącą siłą.

Après un coup violent, il se releva en titubant, étourdi et lent.

Po jednym silnym ciosie podniósł się na nogi, oszołomiony i powolny.

Du sang coulait de sa bouche, de son nez et même de ses oreilles.

Krew ciekła mu z ust, nosa, a nawet z uszu.

Son pelage autrefois magnifique était maculé de mousse sanglante.

Jego niegdyś piękna sierść była umazana krwawą pianą.

Alors l'homme s'est avancé et a donné un coup violent au nez.

Wtedy mężczyzna wystąpił i zadał potężny cios w nos.

L'agonie était plus vive que tout ce que Buck avait jamais ressenti.

Ból był silniejszy niż wszystko, co Buck kiedykolwiek czuł.

Avec un rugissement plus bête que chien, il bondit à nouveau pour attaquer.

Z rykiem bardziej zwierzęcym niż psim skoczył ponownie, by zaatakować.

Mais l'homme attrapa sa mâchoire inférieure et la tourna vers l'arrière.

Jednak mężczyzna złapał się za dolną szczękę i wykręcił ją do tyłu.

Buck fit un saut périlleux et s'écrasa à nouveau violemment.

Buck przewrócił się do góry nogami i znów upadł z impetem.

Une dernière fois, Buck se précipita sur lui, maintenant à peine capable de se tenir debout.

Buck rzucił się na niego po raz ostatni, ledwo trzymając się na nogach.

L'homme a frappé avec un timing expert, délivrant le coup final.

Mężczyzna uderzył z mistrzowskim wyczuciem czasu, zadając ostateczny cios.

Buck s'est effondré, inconscient et immobile.

Buck padł nieprzytomny i nieruchomy.

« Il n'est pas mauvais pour dresser les chiens, c'est ce que je dis », a crié un homme.

„On nie jest żadnym łajdakiem w tresurze psów, oto co mówię" – krzyknął mężczyzna.

« Druther peut briser la volonté d'un chien n'importe quel jour de la semaine. »

„Druther może złamać wolę psa każdego dnia tygodnia".

« Et deux fois un dimanche ! » a ajouté le chauffeur.

„I dwa razy w niedzielę!" – dodał kierowca.

Il monta dans le chariot et fit claquer les rênes pour partir.

Wsiadł do wozu i strzelił lejcami, szykując się do odjazdu.

Buck a lentement repris le contrôle de sa conscience

Buck powoli odzyskał kontrolę nad swoją świadomością

mais son corps était encore trop faible et brisé pour bouger.

lecz jego ciało było nadal zbyt słabe i połamane, aby móc się ruszyć.

Il resta allongé là où il était tombé, regardant l'homme au pull rouge.

Leżał tam, gdzie upadł, i patrzył na mężczyznę w czerwonym swetrze.

« Il répond au nom de Buck », dit l'homme en lisant à haute voix.

„Reaguje na imię Buck" – przeczytał mężczyzna na głos.

Il a cité la note envoyée avec la caisse de Buck et les détails.

Zacytował fragment notatki dołączonej do skrzyni Bucka i innych szczegółów.

« Eh bien, Buck, mon garçon », continua l'homme d'un ton amical,

„Cóż, Buck, mój chłopcze" – kontynuował mężczyzna przyjaznym tonem,

« Nous avons eu notre petite dispute, et maintenant c'est fini entre nous. »

„Mieliśmy małą kłótnię i teraz jest już między nami koniec".

« Tu as appris à connaître ta place, et j'ai appris à connaître la mienne », a-t-il ajouté.

„Ty poznałeś swoje miejsce, a ja poznałem swoje" – dodał.

« Sois sage, tout ira bien et la vie sera agréable. »

„Bądź dobry, a wszystko pójdzie dobrze i życie będzie przyjemne."

« Mais sois méchant, et je te botterai les fesses, compris ? »

„Ale jeśli będziesz niegrzeczny, to zbiję cię na kwaśne jabłko, rozumiesz?"

Tandis qu'il parlait, il tendit la main et tapota la tête douloureuse de Buck.

Mówiąc to, wyciągnął rękę i pogłaskał Bucka po obolałej głowie.

Les cheveux de Buck se dressèrent au contact de l'homme, mais il ne résista pas.

Włosy Bucka stanęły dęba pod wpływem dotyku mężczyzny, ale nie stawiał oporu.

L'homme lui apporta de l'eau, que Buck but à grandes gorgées.

Mężczyzna przyniósł mu wody, którą Buck wypił wielkimi łykami.

Puis vint la viande crue, que Buck dévora morceau par morceau.

Potem podano surowe mięso, które Buck pożerał kawałek po kawałku.

Il savait qu'il était battu, mais il savait aussi qu'il n'était pas brisé.

Wiedział, że został pokonany, ale wiedział też, że nie jest złamany.

Il n'avait aucune chance contre un homme armé d'une matraque.

Nie miał szans w walce z mężczyzną uzbrojonym w pałkę.

Il avait appris la vérité et il n'a jamais oublié cette leçon.

Poznał prawdę i nigdy nie zapomniał tej lekcji.

Cette arme était le début de la loi dans le nouveau monde de Buck.

Ta broń była początkiem prawa w nowym świecie Bucka.

C'était le début d'un ordre dur et primitif qu'il ne pouvait nier.

To był początek surowego, prymitywnego porządku, którego nie mógł zaprzeczyć.

Il accepta la vérité ; ses instincts sauvages étaient désormais éveillés.

Zaakceptował prawdę; jego dzikie instynkty znów się obudziły.

Le monde était devenu plus dur, mais Buck l'a affronté avec courage.

Świat stał się trudniejszy, ale Buck dzielnie stawił mu czoła.

Il a affronté la vie avec une prudence, une ruse et une force tranquille nouvelles.

Podchodził do życia z nową ostrożnością, przebiegłością i cichą siłą.

D'autres chiens sont arrivés, attachés dans des cordes ou des caisses comme Buck l'avait été.

Przybyło więcej psów, przywiązanych linami lub w klatkach, tak jak Buck.

Certains chiens sont venus calmement, d'autres ont fait rage et se sont battus comme des bêtes sauvages.

Niektóre psy podchodziły spokojnie, inne wściekały się i walczyły jak dzikie bestie.

Ils furent tous soumis au règne de l'homme au pull rouge.

Wszyscy zostali poddani władzy człowieka w czerwonym swetrze.

À chaque fois, Buck regardait et voyait la même leçon se dérouler.

Za każdym razem Buck obserwował i widział, że rozwija się ta sama lekcja.

L'homme avec la massue était la loi, un maître à obéir.

Człowiek z pałką był prawem; panem, któremu należało posłuszeństwo.

Il n'avait pas besoin d'être aimé, mais il fallait qu'on lui obéisse.

Nie potrzebował być lubianym, ale musiał być posłuszny.

Buck ne s'est jamais montré flatteur ni n'a remué la queue comme le faisaient les chiens plus faibles.

Buck nigdy nie płaszczył się i nie merdał ogonem, tak jak robiły to słabsze psy.

Il a vu des chiens qui avaient été battus et qui continuaient à lécher la main de l'homme.

Widział psy, które były bite i nadal lizały rękę mężczyzny.

Il a vu un chien qui refusait d'obéir ou de se soumettre du tout.

Zobaczył jednego psa, który wcale nie chciał słuchać i się podporządkować.

Ce chien s'est battu jusqu'à ce qu'il soit tué dans la bataille pour le contrôle.

Ten pies walczył, aż zginął w walce o władzę.

Des étrangers venaient parfois voir l'homme au pull rouge.

Czasami przychodzili obcy ludzie, żeby zobaczyć mężczyznę w czerwonym swetrze.

Ils parlaient sur un ton étrange, suppliant, marchandant et riant.

Rozmawiali dziwnym tonem, błagalnie, targując się i śmiejąc.

Lors de l'échange d'argent, ils partaient avec un ou plusieurs chiens.

Po wymianie pieniędzy odchodzili zabierając ze sobą jednego lub więcej psów.

Buck se demandait où étaient passés ces chiens, car aucun n'était jamais revenu.

Buck zastanawiał się, dokąd poszły te psy, ponieważ żaden nigdy nie wrócił.

la peur de l'inconnu envahissait Buck chaque fois qu'un homme étrange venait

strach przed nieznanym ogarniał Bucka za każdym razem, gdy pojawiał się obcy mężczyzna

il était content à chaque fois qu'un autre chien était pris, plutôt que lui-même.

cieszył się za każdym razem, gdy zabierano innego psa, a nie jego.

Mais finalement, le tour de Buck arriva avec l'arrivée d'un homme étrange.

W końcu jednak nadeszła kolej na Bucka, wraz z przybyciem dziwnego mężczyzny.

Il était petit, nerveux, parlait un anglais approximatif et jurait.

Był niski, chudy, mówił łamaną angielszczyzną i przeklinał.

« Sacré-Dam ! » hurla-t-il en posant les yeux sur le corps de Buck.

„Sacredam!" krzyknął, gdy zobaczył sylwetkę Bucka.

« C'est un sacré chien tyrannique ! Hein ? Combien ? » demanda-t-il à voix haute.

„To cholerny pies-łobuz! Co? Ile?" – zapytał głośno.

« Trois cents, et c'est un cadeau à ce prix-là. »

„Trzysta, a za taką cenę to prezent"

« Puisque c'est de l'argent du gouvernement, tu ne devrais pas te plaindre, Perrault. »

„Skoro to rządowe pieniądze, nie powinieneś narzekać, Perrault."

Perrault sourit à l'idée de l'accord qu'il venait de conclure avec cet homme.

Perrault uśmiechnął się na myśl o umowie, którą właśnie zawarł z tym mężczyzną.

Le prix des chiens a grimpé en flèche en raison de la demande soudaine.

Ceny psów gwałtownie wzrosły z powodu nagłego wzrostu popytu.

Trois cents dollars, ce n'était pas injuste pour une si belle bête.

Trzysta dolarów to nie była niesprawiedliwa cena za tak piękne zwierzę.

Le gouvernement canadien ne perdrait rien dans cet accord

Rząd Kanady nie straciłby nic na tej umowie

Leurs dépêches officielles ne seraient pas non plus retardées en transit.

Ich oficjalne przesyłki również nie ulegną opóźnieniom w transporcie.

Perrault connaissait bien les chiens et pouvait voir que Buck était quelque chose de rare.

Perrault dobrze znał psy i widział, że Buck był kimś wyjątkowym.

« Un sur dix dix mille », pensa-t-il en étudiant la silhouette de Buck.

„Jeden na dziesięć tysięcy" – pomyślał, przyglądając się budowie ciała Bucka.

Buck a vu l'argent changer de mains, mais n'a montré aucune surprise.

Buck widział, jak pieniądze zmieniają właściciela, ale nie okazał zaskoczenia.

Bientôt, lui et Curly, un gentil Terre-Neuve, furent emmenés.

Wkrótce on i Curly, łagodny nowofundland, zostali zabrani.

Ils suivirent le petit homme depuis la cour du pull rouge.

Poszli za małym człowiekiem z podwórka czerwonego swetra.

Ce fut la dernière fois que Buck vit l'homme avec la massue en bois.

To był ostatni raz, kiedy Buck widział mężczyznę z drewnianą maczugą.

Depuis le pont du Narval, il regardait Seattle disparaître au loin.

Z pokładu Narwala obserwował, jak Seattle znika w oddali.

C'était aussi la dernière fois qu'il voyait le chaud Southland.

Był to również jego ostatni raz, kiedy widział ciepłe Południe.

Perrault les emmena sous le pont et les laissa à François.

Perrault zabrał ich pod pokład i zostawił u François.

François était un géant au visage noir, aux mains rugueuses et calleuses.

François był olbrzymem o czarnej twarzy i szorstkich, zrogowaciałych dłoniach.

Il était brun et basané; un métis franco-canadien.

Był ciemnoskóry i śniady; mieszaniec rasy francusko-kanadyjskiej.

Pour Buck, ces hommes étaient d'un genre qu'il n'avait jamais vu auparavant.

Dla Bucka byli to ludzie, których nigdy wcześniej nie widział.

Il allait connaître beaucoup d'autres hommes de ce genre dans les jours qui suivirent.

W nadchodzących dniach miał poznać wielu takich ludzi.

Il ne s'est pas attaché à eux, mais il a appris à les respecter.

Nie pałał do nich sympatią, lecz zaczął ich szanować.

Ils étaient justes et sages, et ne se laissaient pas facilement tromper par un chien.

Były sprawiedliwe i mądre, i niełatwo było je oszukać jakimkolwiek psem.

Ils jugeaient les chiens avec calme et ne les punissaient que lorsqu'ils le méritaient.

Oceniali psy spokojnie i karali tylko wtedy, gdy na to
zasługiwały.

**Sur le pont inférieur du Narwhal, Buck et Curly ont
rencontré deux chiens.**

Na dolnym pokładzie Narwala Buck i Curly spotkali dwa psy.

**L'un d'eux était un grand chien blanc venu du lointain et
glacial Spitzberg.**

Jednym z nich był duży, biały pies z odległego, lodowatego
Spitsbergenu.

**Il avait autrefois navigué avec un baleinier et rejoint un
groupe d'enquête.**

Kiedyś pływał statkiem wielorybniczym i dołączył do grupy
badawczej.

Il était amical d'une manière sournoise, sournoise et rusée.

Był przyjacielski, ale chytry, podstępny i chytry.

**Lors de leur premier repas, il a volé un morceau de viande
dans la poêle de Buck.**

Podczas pierwszego posiłku ukradł kawałek mięsa z miski
Bucka.

**Buck sauta pour le punir, mais le fouet de François frappa en
premier.**

Buck rzucił się, by go ukarać, ale bat François'a uderzył
pierwszy.

Le voleur blanc hurla et Buck récupéra l'os volé.

Biały złodziej krzyknął, a Buck odzyskał skradzioną kość.

**Cette équité impressionna Buck, et François gagna son
respect.**

Ta uczciwość zrobiła wrażenie na Bucku, a François zyskał
jego szacunek.

**L'autre chien ne lui a pas adressé de salut et n'en a pas voulu
en retour.**

Drugi pies nie przywitał się i nie oczekiwał niczego w zamian.

**Il ne volait pas de nourriture et ne reniflait pas les nouveaux
arrivants avec intérêt.**

Nie kradł jedzenia i nie przyglądał się nowoprzybyłym z
zainteresowaniem.

Ce chien était sinistre et calme, sombre et lent.

Ten pies był ponury i cichy, ponury i powolny.

Il a averti Curly de rester à l'écart en la regardant simplement.

Ostrzegł Curly, żeby trzymała się z daleka, po prostu patrząc na nią gniewnie.

Son message était clair : laissez-moi tranquille ou il y aura des problèmes.

Jego przesłanie było jasne: zostaw mnie w spokoju, albo będą kłopoty.

Il s'appelait Dave et il remarquait à peine son environnement.

Nazywał się Dave i prawie nie zwracał uwagi na otoczenie.

Il dormait souvent, mangeait tranquillement et bâillait de temps en temps.

Często spał, jadł w ciszy i od czasu do czasu ziewał.

Le navire ronronnait constamment avec le battement de l'hélice en dessous.

Statek nieustannie buczał, a poniżej pracowała śruba.

Les jours passèrent sans grand changement, mais le temps devint plus froid.

Dni mijały bez większych zmian, ale pogoda robiła się coraz zimniejsza.

Buck pouvait le sentir dans ses os et remarqua que les autres le faisaient aussi.

Buck czuł to w kościach i zauważył, że pozostali również.

Puis un matin, l'hélice s'est arrêtée et tout est redevenu calme.

Pewnego ranka śmigło zatrzymało się i wszystko ucichło.

Une énergie parcourut le vaisseau ; quelque chose avait changé.

Jakaś energia przetoczyła się przez statek; coś się zmieniło.

François est descendu, les a attachés en laisse et les a remontés.

François zszedł, założył im smycze i wyprowadził je na zewnątrz.

Buck sortit et trouva le sol doux, blanc et froid.

Buck wyszedł i zobaczył, że ziemia jest miękka, biała i zimna.

Il sursauta en arrière, alarmé, et renifla, totalement confus.

Odskoczył zaniepokojony i prychnął, całkowicie zdezorientowany.

Une étrange substance blanche tombait du ciel gris.

Z szarego nieba spadała dziwna, biała substancja.

Il se secoua, mais les flocons blancs continuaient à atterrir sur lui.

Otrząsnął się, ale białe płatki nadal spadały na niego.

Il renifla soigneusement la substance blanche et lécha quelques morceaux glacés.

Ostrożnie powąchał białą substancję i zlizał kilka lodowatych kawałków.

La poudre brûla comme du feu, puis disparut de sa langue.

Proszek palił jak ogień, a potem zniknął z jego języka.

Buck essaya à nouveau, intrigué par l'étrange froideur qui disparaissait.

Buck spróbował ponownie, zdziwiony dziwnym, zanikającym chłodem.

Les hommes autour de lui rirent et Buck se sentit gêné.

Mężczyźni wokół niego się śmiali, a Buck poczuł się zawstydzony.

Il ne savait pas pourquoi, mais il avait honte de sa réaction.

Nie wiedział dlaczego, ale wstydził się swojej reakcji.

C'était sa première expérience avec la neige, et cela le dérouta.

To było jego pierwsze zetknięcie ze śniegiem i było dla niego zagadką.

La loi du club et des crocs
Prawo kija i kła

Le premier jour de Buck sur la plage de Dyea ressemblait à un terrible cauchemar.

Pierwszy dzień Bucka na plaży Dyea przypominał koszmar.

Chaque heure apportait de nouveaux chocs et des changements inattendus pour Buck.

Każda godzina przynosiła Buckowi nowe wstrząsy i nieoczekiwane zmiany.

Il avait été arraché à la civilisation et jeté dans un chaos sauvage.

Został wyrwany z cywilizacji i wrzucony w dziki chaos.

Ce n'était pas une vie ensoleillée et paresseuse, faite d'ennui et de repos.

Nie było to słoneczne, leniwe życie z nudą i odpoczynkiem.

Il n'y avait pas de paix, pas de repos, et pas un instant sans danger.

Nie było spokoju, odpoczynku i chwili wolnej od niebezpieczeństwa.

La confusion régnait sur tout et le danger était toujours proche.

Panował chaos, a niebezpieczeństwo zawsze czyhało.

Buck devait rester vigilant car ces hommes et ces chiens étaient différents.

Buck musiał zachować czujność, bo ci mężczyźni i psy byli inni.

Ils n'étaient pas originaires des villes ; ils étaient sauvages et sans pitié.

Nie pochodzili z miast, byli dzicy i bezlitośni.

Ces hommes et ces chiens ne connaissaient que la loi du gourdin et des crocs.

Ci ludzie i psy znali tylko prawo pałki i kłów.

Buck n'avait jamais vu de chiens se battre comme ces huskies sauvages.

Buck nigdy nie widział psów walczących tak jak te dzikie husky.

Sa première expérience lui a appris une leçon qu'il n'oublierait jamais.

Jego pierwsze doświadczenie dało mu lekcję, której nigdy nie zapomni.

Il a eu de la chance que ce ne soit pas lui, sinon il serait mort aussi.

Miał szczęście, że to nie on, w przeciwnym razie on też by zginął.

Curly était celui qui souffrait tandis que Buck regardait et apprenait.

Curly był tym, który cierpiał, podczas gdy Buck patrzył i się uczył.

Ils avaient installé leur campement près d'un magasin construit en rondins.

Rozbili obóz w pobliżu sklepu zbudowanego z bali.

Curly a essayé d'être amical avec un grand husky ressemblant à un loup.

Curly próbował być przyjacielski wobec dużego, wilkopodobnego husky'ego.

Le husky était plus petit que Curly, mais avait l'air sauvage et méchant.

Husky był mniejszy od Curly'ego, ale wyglądał dziko i groźnie.

Sans prévenir, il a sauté et lui a ouvert le visage.

Bez ostrzeżenia skoczył i rozciął jej twarz.

Ses dents lui coupèrent l'œil jusqu'à sa mâchoire en un seul mouvement.

Jednym ruchem przeciął jej zęby od oka aż po szczękę.

C'est ainsi que les loups se battaient : ils frappaient vite et sautaient loin.

Tak walczyły wilki — uderzać szybko i odskakiwać.

Mais il y avait plus à apprendre que de cette seule attaque.

Ale z tego jednego ataku można było wyciągnąć więcej wniosków.

Des dizaines de huskies se sont précipités et ont formé un cercle silencieux.

Dziesiątki psów husky wpadły i utworzyły ciche koło.

Ils regardaient attentivement et se léchaient les lèvres avec faim.

Przyglądali się uważnie i oblizywali usta z głodu.

Buck ne comprenait pas leur silence ni leurs regards avides.

Buck nie rozumiał ich milczenia i zaciekawionego wzroku.

Curly s'est précipité pour attaquer le husky une deuxième fois.

Curly rzucił się, by zaatakować huskiego po raz drugi.

Il a utilisé sa poitrine pour la renverser avec un mouvement puissant.

Mocnym ruchem uderzył ją w klatkę piersiową.

Elle est tombée sur le côté et n'a pas pu se relever.

Upadła na bok i nie mogła się podnieść.

C'est ce que les autres attendaient depuis le début.

Na to właśnie czekali pozostali przez cały czas.

Les huskies ont sauté sur elle, hurlant et grognant avec frénésie.

Husky rzuciły się na nią, wrzeszcząc i warcząc w szale.

Elle a crié alors qu'ils l'enterraient sous un tas de chiens.

Krzyczała, gdy ją grzebali pod stertą psów.

L'attaque fut si rapide que Buck resta figé sur place sous le choc.

Atak był tak szybki, że Buck zamarł w miejscu z wrażenia.

Il vit Spitz tirer la langue d'une manière qui ressemblait à un rire.

Zobaczył, jak Spitz wystawił język w sposób, który wyglądał na śmiech.

François a attrapé une hache et a couru droit vers le groupe de chiens.

François chwycił siekierę i pobiegł prosto w grupę psów.

Trois autres hommes ont utilisé des gourdins pour aider à repousser les huskies.

Trzej inni mężczyźni odpędzali psy pałkami.

En seulement deux minutes, le combat était terminé et les chiens avaient disparu.

Po zaledwie dwóch minutach walka dobiegła końca, a psy zniknęły.

Curly gisait morte dans la neige rouge et piétinée, son corps déchiré.

Curly leżała martwa w czerwonym, zdeptanym śniegu, jej ciało było rozszarpane.

Un homme à la peau sombre se tenait au-dessus d'elle, maudissant la scène brutale.

Stał nad nią ciemnoskóry mężczyzna i przeklinał brutalną scenę.

Le souvenir est resté avec Buck et a hanté ses rêves la nuit.

Wspomnienie to pozostało z Buckiem i nawiedzało go w snach.

C'était comme ça ici : pas d'équité, pas de seconde chance.

Tak było tutaj: nie było sprawiedliwości, nie było drugiej szansy.

Une fois qu'un chien tombait, les autres le tuaient sans pitié.

Gdy jeden pies padł, reszta zabijała go bez litości.

Buck décida alors qu'il ne se permettrait jamais de tomber.

Buck postanowił wtedy, że nigdy nie pozwoli sobie na upadek.

Spitz tira à nouveau la langue et rit du sang.

Spitz znów wystawił język i zaśmiał się na widok krwi.

À partir de ce moment-là, Buck détesta Spitz de tout son cœur.

Od tego momentu Buck nienawidził Spitza całym sercem.

Avant que Buck ne puisse se remettre de la mort de Curly, quelque chose de nouveau s'est produit.

Zanim Buck zdążył otrząsnąć się po śmierci Curly'ego, wydarzyło się coś nowego.

François s'est approché et a attaché quelque chose autour du corps de Buck.

François podszedł i przymocował coś do ciała Bucka.

C'était un harnais comme ceux utilisés sur les chevaux du ranch.

Była to uprząż taka sama, jakiej używano na ranczu dla koni.

Comme Buck avait vu les chevaux travailler, il devait maintenant travailler aussi.

Buck widział pracę koni, więc teraz sam musiał pracować.

Il a dû tirer François sur un traîneau dans la forêt voisine.

Musiał ciągnąć François na saniach do pobliskiego lasu.

Il a ensuite dû ramener une lourde charge de bois de chauffage.

Następnie musiał odwieźć ciężki ładunek drewna na opał.

Buck était fier, donc cela lui faisait mal d'être traité comme un animal de travail.

Buck był dumny, więc bolało go, że traktowano go jak zwierzę robocze.

Mais il était sage et n'a pas essayé de lutter contre la nouvelle situation.

Ale był mądry i nie próbował walczyć z nową sytuacją.

Il a accepté sa nouvelle vie et a donné le meilleur de lui-même dans chaque tâche.

Zaakceptował swoje nowe życie i dawał z siebie wszystko w każdym zadaniu.

Tout ce qui concernait ce travail lui était étrange et inconnu.

Wszystko w tej pracy było dla niego dziwne i nieznane.

François était strict et exigeait l'obéissance sans délai.

François był surowy i wymagał posłuszeństwa bezzwłocznie.

Son fouet garantissait que chaque ordre soit exécuté immédiatement.

Jego bat dawał pewność, że wszystkie polecenia będą wykonywane natychmiast.

Dave était le conducteur du traîneau, le chien le plus proche du traîneau derrière Buck.

Dave był kierowcą sań, psem znajdującym się najbliżej sań za Buckiem.

Dave mordait Buck sur les pattes arrière s'il faisait une erreur.

Jeśli Buck popełnił błąd, Dave gryzł go w tylne nogi.

Spitz était le chien de tête, compétent et expérimenté dans ce rôle.

Spitz był psem przewodnim, wykwalifikowanym i doświadczonym w tej roli.

Spitz ne pouvait pas atteindre Buck facilement, mais il le corrigea quand même.
Spitz nie mógł łatwo dotrzeć do Bucka, ale i tak go skorygował.

Il grognait durement ou tirait le traîneau d'une manière qui enseignait à Buck.
Warczał ostro i ciągnął sanie w sposób, którego Buck się nauczył.

Grâce à cette formation, Buck a appris plus vite que ce qu'ils avaient imaginé.
Dzięki temu szkoleniu Buck uczył się szybciej, niż ktokolwiek z nich się spodziewał.

Il a travaillé dur et a appris de François et des autres chiens.
Ciężko pracował i uczył się zarówno od François, jak i od innych psów.

À leur retour, Buck connaissait déjà les commandes clés.
Kiedy wrócili, Buck znał już najważniejsze komendy.

Il a appris à s'arrêter au son « ho » de François.
Od François nauczył się zatrzymywać na dźwięk słowa „ho".

Il a appris quand il a dû tirer le traîneau et courir.
Nauczył się, kiedy musi ciągnąć sanie i biec.

Il a appris à tourner largement dans les virages du sentier sans difficulté.
Nauczył się bez problemu pokonywać zakręty szeroką trasą.

Il a également appris à éviter Dave lorsque le traîneau descendait rapidement.
Nauczył się również unikać Dave'a, gdy sanki szybko zjeżdżały w dół.

« Ce sont de très bons chiens », dit fièrement François à Perrault.
„To bardzo dobre psy" – powiedział François z dumą Perraultowi.

« Ce Buck tire comme un dingue, je lui apprends vite fait. »
„Ten Buck ciągnie jak diabli — uczę go tego bardzo szybko".

Plus tard dans la journée, Perrault est revenu avec deux autres chiens husky.

Tego samego dnia Perrault wrócił z dwoma kolejnymi psami rasy husky.

Ils s'appelaient Billee et Joe, et ils étaient frères.

Nazywali się Billee i Joe i byli braćmi.

Ils venaient de la même mère, mais ne se ressemblaient pas du tout.

Pochodzili od tej samej matki, ale wcale nie byli do siebie podobni.

Billee était de nature douce et très amicale avec tout le monde.

Billee była osobą słodką i bardzo przyjacielską wobec wszystkich.

Joe était tout le contraire : calme, en colère et toujours en train de grogner.

Joe był jego przeciwieństwem — cichy, wściekły i zawsze warczący.

Buck les a accueillis de manière amicale et s'est montré calme avec eux deux.

Buck przywitał się z nimi w przyjazny sposób i zachowywał spokój w stosunku do obojga.

Dave ne leur prêta aucune attention et resta silencieux comme d'habitude.

Dave nie zwracał na nich uwagi i jak zwykle milczał.

Spitz a attaqué d'abord Billee, puis Joe, pour montrer sa domination.

Spitz zaatakował najpierw Billee, potem Joego, aby pokazać swoją dominację.

Billee remua la queue et essaya d'être amical avec Spitz.

Billee merdał ogonem i próbował być przyjazny wobec Spitz.

Lorsque cela n'a pas fonctionné, il a essayé de s'enfuir à la place.

Gdy to nie pomogło, spróbował uciec.

Il a pleuré tristement lorsque Spitz l'a mordu fort sur le côté.

Zapłakał smutno, gdy Spitz ugryzł go mocno w bok.

Mais Joe était très différent et refusait d'être intimidé.

Ale Joe był zupełnie inny i nie dał się zastraszyć.

Chaque fois que Spitz s'approchait, Joe se retournait pour lui faire face rapidement.

Za każdym razem, gdy Spitz się zbliżał, Joe szybko odwracał się, by stanąć z nim twarzą w twarz.

Sa fourrure se hérissa, ses lèvres se retroussèrent et ses dents claquèrent sauvagement.

Jego futro się zjeżyło, wargi się wykrzywiły, a zęby kłapały dziko.

Les yeux de Joe brillaient de peur et de rage, défiant Spitz de frapper.

W oczach Joego pojawił się błysk strachu i wściekłości, rzucając Spitzowi wyzwanie.

Spitz abandonna le combat et se détourna, humilié et en colère.

Spitz zrezygnował z walki i odwrócił się upokorzony i wściekły.

Il a déversé sa frustration sur le pauvre Billee et l'a chassé.

Wyładował swoją frustrację na biednym Billee i go przegonił.

Ce soir-là, Perrault ajouta un chien de plus à l'équipe.

Tego wieczoru Perrault dodał do zespołu jeszcze jednego psa.

Ce chien était vieux, maigre et couvert de cicatrices de guerre.

Ten pies był stary, chudy i pokryty bliznami po bitwach.

L'un de ses yeux manquait, mais l'autre brillait de puissance.

Jedno oko mu brakowało, ale drugie błyszczało mocą.

Le nom du nouveau chien était Solleks, ce qui signifiait « celui qui est en colère ».

Nowemu psu nadano imię Solleks, co oznaczało Wściekły.

Comme Dave, Solleks ne demandait rien aux autres et ne donnait rien en retour.

Podobnie jak Dave, Solleks niczego od innych nie wymagał i nic nie dawał w zamian.

Lorsque Solleks entra lentement dans le camp, même Spitz resta à l'écart.

Gdy Solleks powoli wkroczył do obozu, nawet Spitz trzymał się z daleka.

Il avait une étrange habitude que Buck a eu la malchance de découvrir.

Miał dziwny zwyczaj, który Buck miał pecha odkryć.

Solleks détestait qu'on l'approche du côté où il était aveugle.

Solleks nie znosił, gdy ktoś podchodził do niego od strony, w której był niewidomy.

Buck ne le savait pas et a fait cette erreur par accident.

Buck nie wiedział o tym i popełnił ten błąd przez przypadek.

Solleks se retourna et frappa l'épaule de Buck profondément et rapidement.

Solleks obrócił się i szybko i głęboko uderzył Bucka w ramię.

À partir de ce moment, Buck ne s'est plus jamais approché du côté aveugle de Solleks.

Od tego momentu Buck nigdy już nie zbliżał się do ślepej strony Solleksa.

Ils n'ont plus jamais eu de problèmes pendant le reste de leur temps ensemble.

Przez cały spędzony wspólnie czas nie mieli już żadnych kłopotów.

Solleks voulait seulement être laissé seul, comme le calme Dave.

Solleks pragnął jedynie, by go zostawiono w spokoju, jak cichy Dave.

Mais Buck apprendra plus tard qu'ils avaient chacun un autre objectif secret.

Ale Buck później dowiedział się, że każdy z nich miał jeszcze jeden, sekretny cel.

Cette nuit-là, Buck a dû faire face à un nouveau défi troublant : comment dormir.

Tej nocy Buck stanął przed nowym i trudnym wyzwaniem — jak spać.

La tente brillait chaleureusement à la lumière des bougies dans le champ enneigé.

Namiot rozświetlał się ciepłym blaskiem świec na zaśnieżonym polu.

Buck entra, pensant qu'il pourrait se reposer là comme avant.

Buck wszedł do środka, myśląc, że będzie mógł tam odpocząć jak poprzednio.

Mais Perrault et François lui criaient dessus et lui jetaient des casseroles.

Ale Perrault i François krzyczeli na niego i rzucali patelniami.

Choqué et confus, Buck s'est enfui dans le froid glacial.

Zszokowany i zdezorientowany Buck wybiegł na mroźne zimno.

Un vent glacial piquait son épaule blessée et lui gelait les pattes.

Przenikliwy wiatr szczypał go w zranione ramię i zamrażał łapy.

Il s'est allongé dans la neige et a essayé de dormir à la belle étoile.

Położył się na śniegu i próbował spać pod gołym niebem.

Mais le froid l'obligea bientôt à se relever, tremblant terriblement.

Jednak zimno zmusiło go do wstania, trzęsąc się mocno.

Il erra dans le camp, essayant de trouver un endroit plus chaud.

Wędrował po obozie, próbując znaleźć cieplejsze miejsce.

Mais chaque coin était aussi froid que le précédent.

Ale każdy kąt był tak samo zimny jak poprzedni.

Parfois, des chiens sauvages sautaient sur lui dans l'obscurité.

Czasami z ciemności wyskakiwały na niego dzikie psy.

Buck hérissa sa fourrure, montra ses dents et grogna en signe d'avertissement.

Buck nastroszył futro, obnażył zęby i warknął ostrzegawczo.

Il apprenait vite et les autres chiens reculaient rapidement.

Uczył się szybko, a pozostałe psy szybko ustępowały.

Il n'avait toujours pas d'endroit où dormir et ne savait pas quoi faire.

Nadal nie miał gdzie spać i nie miał pojęcia, co robić.

Finalement, une pensée lui vint : aller voir ses coéquipiers.

W końcu przyszedł mu do głowy pewien pomysł – sprawdzić, co u jego kolegów z drużyny.

Il est retourné dans leur région et a été surpris de les trouver partis.

Wrócił w ich okolice i ze zdziwieniem stwierdził, że ich tam nie ma.

Il chercha à nouveau dans le camp, mais ne parvint toujours pas à les trouver.

Ponownie przeszukał obóz, lecz nadal nie mógł ich znaleźć.

Il savait qu'ils ne pouvaient pas être dans la tente, sinon il le serait aussi.

Wiedział, że nie mogą być w namiocie, bo on też by się tam znalazł.

Alors, où étaient passés tous les chiens dans ce camp gelé ?

Gdzie więc podziały się wszystkie psy w tym zamarzniętym obozie?

Buck, froid et misérable, tournait lentement autour de la tente.

Buck, zmarznięty i nieszczęśliwy, powoli krążył wokół namiotu.

Soudain, ses pattes avant s'enfoncèrent dans la neige molle et le surprit.

Nagle jego przednie nogi zapadły się w miękki śnieg, co go przestraszyło.

Quelque chose se tortilla sous ses pieds et il sursauta en arrière, effrayé.

Coś poruszyło się pod jego stopami i ze strachu odskoczył.

Il grogna et grogna, ne sachant pas ce qui se cachait sous la neige.

Warczał i szczekał, nie wiedząc, co kryje się pod śniegiem.

Puis il entendit un petit aboiement amical qui apaisa sa peur.

Wtedy usłyszał przyjazne szczekanie, które ukoiło jego strach.

Il renifla l'air et s'approcha pour voir ce qui était caché.

Wciągnął powietrze i podszedł bliżej, żeby zobaczyć, co jest ukryte.

Sous la neige, recroquevillée en boule chaude, se trouvait la petite Billee.

Pod śniegiem, zwinięta w ciepłą kulkę, leżała mała Billee.

Billee remua la queue et lécha le visage de Buck pour le saluer.

Billee merdał ogonem i polizał Bucka po twarzy, by go powitać.

Buck a vu comment Billee avait fabriqué un endroit pour dormir dans la neige.

Buck zobaczył, że Billee zrobił sobie miejsce do spania na śniegu.

Il avait creusé et utilisé sa propre chaleur pour rester au chaud.

Wykopał dół i ogrzał się własnym ciepłem.

Buck avait appris une autre leçon : c'est ainsi que les chiens dormaient.

Buck nauczył się kolejnej lekcji — tak właśnie spały psy.

Il a choisi un endroit et a commencé à creuser son propre trou dans la neige.

Wybrał miejsce i zaczął kopać swoją dziurę w śniegu.

Au début, il bougeait trop et gaspillait de l'énergie.

Na początku za dużo się ruszał i marnował energię.

Mais bientôt son corps réchauffa l'espace et il se sentit en sécurité.

Ale wkrótce jego ciało ogrzało przestrzeń i poczuł się bezpiecznie.

Il se recroquevilla étroitement et, peu de temps après, il s'endormit profondément.

Skulił się ciasno i wkrótce zasnął.

La journée avait été longue et dure, et Buck était épuisé.

Dzień był długi i ciężki, a Buck był wyczerpany.

Il dormait profondément et confortablement, même si ses rêves étaient fous.

Spał głęboko i wygodnie, choć jego sny były szalone.

Il grognait et aboyait dans son sommeil, se tordant pendant qu'il rêvait.

Warczał i szczekał przez sen, kręcąc się podczas snu.

Buck ne s'est réveillé que lorsque le camp était déjà en train de prendre vie.

Buck obudził się dopiero wtedy, gdy obóz zaczął budzić się do życia.

Au début, il ne savait pas où il était ni ce qui s'était passé.

Na początku nie wiedział, gdzie jest ani co się stało.

La neige était tombée pendant la nuit et avait complètement enseveli son corps.

W nocy spadł śnieg i całkowicie przykrył jego ciało.

La neige se pressait autour de lui, serrée de tous côtés.

Śnieg był przyciśnięty do niego ze wszystkich stron.

Soudain, une vague de peur traversa tout le corps de Buck.

Nagle fala strachu przebiegła przez całe ciało Bucka.

C'était la peur d'être piégé, une peur venue d'instincts profonds.

To był strach przed uwięzieniem, strach wynikający z głęboko zakorzenionych instynktów.

Bien qu'il n'ait jamais vu de piège, la peur vivait en lui.

Choć nigdy nie widział pułapki, strach wciąż w nim żył.

C'était un chien apprivoisé, mais maintenant ses vieux instincts sauvages se réveillaient.

Był oswojonym psem, ale teraz obudziły się w nim dawne, dzikie instynkty.

Les muscles de Buck se tendirent et sa fourrure se dressa sur tout son dos.

Mięśnie Bucka napięły się, a sierść stanęła mu dęba na całym grzbiecie.

Il grogna férocement et bondit droit dans la neige.

Warknął dziko i wyskoczył prosto w śnieg.

La neige volait dans toutes les directions alors qu'il faisait irruption dans la lumière du jour.

Gdy wyszedł na światło dzienne, śnieg rozprysł się we wszystkich kierunkach.

Avant même d'atterrir, Buck vit le camp s'étendre devant lui.

Jeszcze przed lądowaniem Buck zobaczył rozpościerający się przed nim obóz.

Il se souvenait de tout ce qui s'était passé la veille, d'un seul coup.

Natychmiast przypomniało mu się wszystko, co wydarzyło się poprzedniego dnia.

Il se souvenait d'avoir flâné avec Manuel et d'avoir fini à cet endroit.

Przypomniał sobie spacer z Manuelem i to, jak wylądował w tym miejscu.

Il se souvenait avoir creusé le trou et s'être endormi dans le froid.

Pamiętał, jak wykopał dół i zasnął na zimnie.

Maintenant, il était réveillé et le monde sauvage qui l'entourait était clair.

Teraz się obudził i dziki świat wokół niego stał się wyraźny.

Un cri de François salua l'apparition soudaine de Buck.

François krzyknął na powitanie nagłego pojawienia się Bucka.

« Qu'est-ce que j'ai dit ? » cria le conducteur du chien à Perrault.

„Co powiedziałem?" – krzyknął głośno poganiacz psów do Perraulta.

« Ce Buck apprend vraiment très vite », a ajouté François.

„Ten Buck na pewno uczy się szybciej niż cokolwiek innego" – dodał François.

Perrault hocha gravement la tête, visiblement satisfait du résultat.

Perrault skinął głową z powagą, wyraźnie zadowolony z rezultatu.

En tant que courrier pour le gouvernement canadien, il transportait des dépêches.

Jako kurier rządu kanadyjskiego przewoził depesze.

Il était impatient de trouver les meilleurs chiens pour son importante mission.

Zależało mu na znalezieniu najlepszych psów do swojej ważnej misji.

Il se sentait particulièrement heureux maintenant que Buck faisait partie de l'équipe.

Poczuł się szczególnie zadowolony, że Buck stał się częścią zespołu.

Trois autres huskies ont été ajoutés à l'équipe en une heure.

W ciągu godziny do zespołu dołączyły trzy kolejne husky.

Cela porte le nombre total de chiens dans l'équipe à neuf.

W rezultacie łączna liczba psów w zespole wzrosła do dziewięciu.

En quinze minutes, tous les chiens étaient dans leurs harnais.

W ciągu piętnastu minut wszystkie psy były już w uprzężach.

L'équipe de traîneaux remontait le sentier en direction du canyon de Dyea.

Zespół saneczkowy jechał szlakiem w kierunku Dyea Cañon.

Buck était heureux de partir, même si le travail à venir était difficile.

Buck cieszył się, że odchodzi, nawet jeśli praca, która go czekała, była ciężka.

Il s'est rendu compte qu'il ne détestait pas particulièrement le travail ou le froid.

Odkrył, że nie gardzi szczególnie pracą ani zimnem.

Il a été surpris par l'empressement qui a rempli toute l'équipe.

Zaskoczyła go chęć, jaka ogarnęła cały zespół.

Encore plus surprenant fut le changement qui s'était produit chez Dave et Solleks.

Jeszcze bardziej zaskakująca była zmiana, jaka zaszła u Dave'a i Solleksa.

Ces deux chiens étaient complètement différents lorsqu'ils étaient attelés.

Te dwa psy były zupełnie inne, gdy je zaprzęgano.

Leur passivité et leur manque d'intérêt avaient complètement disparu.

Ich bierność i brak zainteresowania całkowicie zniknęły.

Ils étaient alertes et actifs, et désireux de bien faire leur travail.

Byli czujni i aktywni, chcieli dobrze wykonać swoją pracę.

Ils s'irritaient violemment à tout ce qui pouvait provoquer un retard ou une confusion.

Denerwowało ich wszystko, co powodowało opóźnienia lub zamieszanie.

Le travail acharné sur les rênes était le centre de tout leur être.

Ciężka praca nad lejcami była istotą ich istoty.

Tirer un traîneau semblait être la seule chose qu'ils appréciaient vraiment.

Wydawało się, że ciągnięcie sań było jedyną rzeczą, która sprawiała im prawdziwą przyjemność.

Dave était à l'arrière du groupe, le plus proche du traîneau lui-même.

Dave był z tyłu grupy, najbliżej sań.

Buck a été placé devant Dave, et Solleks a dépassé Buck.

Buck został umieszczony przed Dave'em, a Solleks wyprzedził Bucka.

Le reste des chiens était aligné devant eux en file indienne.

Reszta psów ustawiła się przed nami w pojedynczym szeregu.

La position de tête à l'avant était occupée par Spitz.

Na czele stawki znalazł się Spitz.

Buck avait été placé entre Dave et Solleks pour l'instruction.

Buck został umieszczony między Dave'em i Solleksem w celu przeprowadzenia instrukcji.

Il apprenait vite et ils étaient des professeurs fermes et compétents.

Uczył się szybko, a ich nauczyciele byli stanowczymi i kompetentnymi ludźmi.

Ils n'ont jamais permis à Buck de rester longtemps dans l'erreur.

Nigdy nie pozwolili, by Buck zbyt długo tkwił w błędzie.

Ils ont enseigné leurs leçons avec des dents acérées quand c'était nécessaire.

Gdy zachodziła taka potrzeba, nauczali ostro.

Dave était juste et faisait preuve d'une sagesse calme et sérieuse.

Dave był sprawiedliwy i wykazywał się spokojną, poważną mądrością.

Il n'a jamais mordu Buck sans une bonne raison de le faire.

Nigdy nie ugryzł Bucka bez ważnego powodu.

Mais il n'a jamais manqué de mordre lorsque Buck avait besoin d'être corrigé.

Ale zawsze potrafił ugryźć Bucka, gdy ten potrzebował skarcenia.

Le fouet de François était toujours prêt et soutenait leur autorité.

Bicz François'a był zawsze gotowy do użycia i potwierdzał ich autorytet.

Buck a vite compris qu'il valait mieux obéir que riposter.

Buck wkrótce doszedł do wniosku, że lepiej jest słuchać, niż stawiać opór.

Un jour, lors d'un court repos, Buck s'est emmêlé dans les rênes.

Pewnego razu, podczas krótkiego odpoczynku, Buck zaplątał się w lejce.

Il a retardé le départ et a perturbé le mouvement de l'équipe.

Opóźnił start i zakłócił ruchy drużyny.

Dave et Solleks se sont jetés sur lui et lui ont donné une raclée.

Dave i Solleks rzucili się na niego i mocno go pobili.

L'enchevêtrement n'a fait qu'empirer, mais Buck a bien appris sa leçon.

Kłótnia stawała się coraz gorsza, ale Buck wyciągnął wnioski.

Dès lors, il garda les rênes tendues et travailla avec soin.

Od tej pory trzymał lejce mocno i pracował ostrożnie.

Avant la fin de la journée, Buck avait maîtrisé une grande partie de sa tâche.

Zanim dzień dobiegł końca, Buckowi udało się wykonać większą część zadania.

Ses coéquipiers ont presque arrêté de le corriger ou de le mordre.

Jego koledzy z drużyny prawie przestali go poprawiać i gryźć.

Le fouet de François claquait de moins en moins souvent dans l'air.

Bicz François'a przecinał powietrze coraz rzadziej.

Perrault a même soulevé les pieds de Buck et a soigneusement examiné chaque patte.

Perrault podniósł nawet stopy Bucka i dokładnie obejrzał każdą łapę.

Cela avait été une journée de course difficile, longue et épuisante pour eux tous.

To był ciężki dzień, długi i wyczerpujący dla nich wszystkich.

Ils remontèrent le Cañon, traversèrent Sheep Camp et passèrent devant les Scales.

Podróżowali w górę Kanionu, przez Sheep Camp i obok Scales.

Ils ont traversé la limite des forêts, puis des glaciers et des congères de plusieurs mètres de profondeur.

Przekroczyli granicę lasu, potem lodowce i zaspy śnieżne głębokie na wiele stóp.

Ils ont escaladé la grande et froide chaîne de montagnes Chilkoot Divide.

Wspięli się na zimny i nieprzyjazny Wododział Chilkoot.

Cette haute crête se dressait entre l'eau salée et l'intérieur gelé.

Ten wysoki grzbiet oddzielał słoną wodę od zamarzniętego wnętrza.

Les montagnes protégeaient le Nord triste et solitaire avec de la glace et des montées abruptes.

Góry strzegły smutnej i samotnej Północy lodem i stromymi podejściami.

Ils ont parcouru à bon rythme une longue chaîne de lacs en aval de la ligne de partage des eaux.

Szybko pokonali długi łańcuch jezior poniżej wododziału.

Ces lacs remplissaient les anciens cratères de volcans éteints.

Jeziora te wypełniały starożytne kratery wygasłych wulkanów.

Tard dans la nuit, ils atteignirent un grand camp au bord du lac Bennett.

Późną nocą dotarli do dużego obozu nad jeziorem Bennett.

Des milliers de chercheurs d'or étaient là, construisant des bateaux pour le printemps.

Zebrały się tam tysiące poszukiwaczy złota, budujących łodzie na wiosnę.

La glace allait bientôt se briser et ils devaient être prêts.

Lód miał wkrótce pęknąć, więc musieli być gotowi.

Buck creusa son trou dans la neige et tomba dans un profond sommeil.

Buck wykopał dziurę w śniegu i zapadł w głęboki sen.

Il dormait comme un ouvrier, épuisé par une dure journée de travail.

Spał jak człowiek pracy, wyczerpany po ciężkim dniu ciężkiej pracy.

Mais trop tôt dans l'obscurité, il fut tiré de son sommeil.

Jednak zbyt wcześnie, w ciemnościach, został wyrwany ze snu.

Il fut à nouveau attelé avec ses compagnons et attaché au traîneau.

Ponownie zaprzężono go do towarzyszy i przymocowano do sań.

Ce jour-là, ils ont parcouru quarante milles, car la neige était bien battue.

Tego dnia przeszli czterdzieści mil, bo śnieg był dobrze ubity.

Le lendemain, et pendant plusieurs jours après, la neige était molle.

Następnego dnia i przez wiele kolejnych dni śnieg był miękki.

Ils ont dû faire le chemin eux-mêmes, en travaillant plus dur et en avançant plus lentement.

Musieli sami wytyczyć drogę, wkładając w to więcej wysiłku i poruszając się wolniej.

Habituellement, Perrault marchait devant l'équipe avec des raquettes palmées.

Zazwyczaj Perrault szedł przed drużyną, mając na nogach płetwiaste rakiety śnieżne.

Ses pas ont compacté la neige, facilitant ainsi le déplacement du traîneau.

Jego kroki ubijały śnieg, co ułatwiało przesuwanie się sań.

François, qui dirigeait depuis le mât, prenait parfois le relais.

François, który sterował z pozycji pionowej, czasami przejmował kontrolę.

Mais il était rare que François prenne les devants

Ale rzadko zdarzało się, aby François objął prowadzenie

parce que Perrault était pressé de livrer les lettres et les colis.

ponieważ Perrault spieszył się z dostarczeniem listów i paczek.

Perrault était fier de sa connaissance de la neige, et surtout de la glace.

Perrault był dumny ze swojej wiedzy na temat śniegu, a zwłaszcza lodu.

Cette connaissance était essentielle, car la glace d'automne était dangereusement mince.

Wiedza ta była niezbędna, ponieważ lód jesienią był niebezpiecznie cienki.

Là où l'eau coulait rapidement sous la surface, il n'y avait pas du tout de glace.

Tam, gdzie woda płynęła szybko pod powierzchnią, nie było w ogóle lodu.

Jour après jour, la même routine se répétait sans fin.

Dzień po dniu ta sama rutyna powtarzała się bez końca.

Buck travaillait sans relâche sur les rênes, de l'aube jusqu'à la nuit.

Buck nieustannie pracował na lejcach od świtu do nocy.

Ils quittèrent le camp dans l'obscurité, bien avant le lever du soleil.

Opuścili obóz po ciemku, na długo przed wschodem słońca.

Au moment où le jour se leva, ils avaient déjà parcouru de nombreux kilomètres.

Gdy nastał dzień, mieli już za sobą wiele mil.

Ils ont installé leur campement après la tombée de la nuit, mangeant du poisson et creusant dans la neige.

Rozbili obóz po zapadnięciu zmroku, jedli ryby i zakopywali się w śniegu.

Buck avait toujours faim et n'était jamais vraiment satisfait de sa ration.

Buck był zawsze głodny i nigdy nie był w pełni zadowolony ze swojego pożywienia.

Il recevait une livre et demie de saumon séché chaque jour.

Otrzymywał półtora funta suszonego łososia dziennie.

Mais la nourriture semblait disparaître en lui, laissant la faim derrière elle.

Jednak jedzenie zdawało się zanikać w jego wnętrzu, pozostawiając głód.

Il souffrait constamment de la faim et rêvait de plus de nourriture.

Odczuwał nieustanne bóle głodu i marzył o większej ilości jedzenia.

Les autres chiens n'ont pris qu'une livre, mais ils sont restés forts.

Pozostałe psy dostały tylko pół kilo jedzenia, ale i tak były silne.

Ils étaient plus petits et étaient nés dans le mode de vie du Nord.

Byli mniejsi i urodzili się w północnym środowisku.

Il perdit rapidement la méticulosité qui avait marqué son ancienne vie.

Szybko utracił skrupulatność, która charakteryzowała jego dawne życie.

Il avait été un mangeur délicat, mais maintenant ce n'était plus possible.

Kiedyś był smakoszem, ale teraz nie było to już możliwe.

Ses camarades ont terminé premiers et lui ont volé sa ration inachevée.

Jego koledzy skończyli pierwsi i zabrali mu niedokończoną porcję.

Une fois qu'ils ont commencé, il n'y avait aucun moyen de défendre sa nourriture contre eux.

Gdy już zaczęli, nie było sposobu, aby obronić przed nimi jego jedzenie.

Pendant qu'il combattait deux ou trois chiens, les autres volaient le reste.

Podczas gdy on odpędzał dwa lub trzy psy, pozostali ukradli resztę.

Pour résoudre ce problème, il a commencé à manger aussi vite que les autres.

Aby temu zaradzić, zaczął jeść tak szybko, jak inni.

La faim le poussait tellement qu'il prenait même de la nourriture qui n'était pas la sienne.

Głód dawał mu się we znaki tak bardzo, że zjadał nawet pożywienie, które nie było jego.

Il observait les autres et apprenait rapidement de leurs actions.

Obserwował innych i szybko wyciągał wnioski z ich działań.

Il a vu Pike, un nouveau chien, voler une tranche de bacon à Perrault.

Widział, jak Pike, nowy pies, ukradł Perraultowi kawałek bekonu.

Pike avait attendu que Perrault ait le dos tourné pour voler le bacon.

Pike czekał, aż Perrault odwróci się, żeby ukraść bekon.

Le lendemain, Buck a copié Pike et a volé tout le morceau.

Następnego dnia Buck skopiował Pike'a i ukradł cały kawałek.

Un grand tumulte s'ensuivit, mais Buck ne fut pas suspecté.

Wybuchło wielkie poruszenie, ale Bucka nikt nie podejrzewał.

Dub, un chien maladroit qui se faisait toujours prendre, a été puni à la place.

Zamiast tego ukarano Duba, niezdarnego psa, który zawsze dawał się złapać.

Ce premier vol a fait de Buck un chien apte à survivre dans le Nord.

Ta pierwsza kradzież pokazała, że Buck jest psem gotowym przetrwać na Północy.

Il a montré qu'il pouvait s'adapter à de nouvelles conditions et apprendre rapidement.

Pokazał, że potrafi przystosować się do nowych warunków i szybko się uczyć.

Sans une telle adaptabilité, il serait mort rapidement et gravement.

Gdyby nie jego zdolności adaptacyjne, zginąłby szybko i boleśnie.

Cela a également marqué l'effondrement de sa nature morale et de ses valeurs passées.

Był to również moment załamania się jego moralności i dawnych wartości.

Dans le Southland, il avait vécu sous la loi de l'amour et de la bonté.

Na Południu żył według prawa miłości i dobroci.

Là, il était logique de respecter la propriété et les sentiments des autres chiens.

W tym przypadku sensowne było poszanowanie własności i uczuć innych psów.

Mais le Northland suivait la loi du club et la loi du croc.

Ale w Northlandzie obowiązywało prawo maczugi i prawo kła.

Quiconque respectait les anciennes valeurs ici était stupide et échouerait.

Ktokolwiek szanował stare wartości, był głupi i poniósł porażkę.

Buck n'a pas réfléchi à tout cela dans son esprit.

Buck nie rozmyślał nad tym wszystkim.

Il était en forme et s'est donc adapté sans avoir besoin de réfléchir.

Był sprawny, więc przystosował się bez zastanowienia.

De toute sa vie, il n'avait jamais fui un combat.

Przez całe życie nigdy nie uciekł przed walką.

Mais la massue en bois de l'homme au pull rouge a changé cette règle.

Ale drewniana pałka mężczyzny w czerwonym swetrze zmieniła tę zasadę.

Il suivait désormais un code plus profond et plus ancien, inscrit dans son être.

Teraz postępował zgodnie ze starszym, głębszym kodem zapisanym w jego istocie.

Il ne volait pas par plaisir, mais par faim.

Nie kradł z przyjemności, lecz z bólu głodu.

Il n'a jamais volé ouvertement, mais il a volé avec ruse et prudence.

Nigdy nie kradł otwarcie, ale kradł chytrze i ostrożnie.

Il a agi par respect pour la massue en bois et par peur du croc.

Zrobił to z szacunku do drewnianej maczugi i ze strachu przed kłem.

En bref, il a fait ce qui était plus facile et plus sûr que de ne pas le faire.

Krótko mówiąc, zrobił to, co było łatwiejsze i bezpieczniejsze, niż gdyby tego nie zrobił.

Son développement – ou peut-être son retour à ses anciens instincts – fut rapide.

Jego rozwój — a może powrót do dawnych instynktów — następował szybko.

Ses muscles se durcirent jusqu'à devenir aussi forts que du fer.

Jego mięśnie stwardniały, aż stały się mocne jak żelazo.

Il ne se souciait plus de la douleur, à moins qu'elle ne soit grave.

Ból nie miał już dla niego znaczenia, chyba że był poważny.

Il est devenu efficace à l'intérieur comme à l'extérieur, ne gaspillant rien du tout.

Stał się skuteczny, zarówno pod każdym względem, jak i zewnętrznie, nie marnując niczego.

Il pouvait manger des choses viles, pourries ou difficiles à digérer.

Potrafił jeść rzeczy obrzydliwe, zgniłe i trudne do strawienia.

Quoi qu'il mange, son estomac utilisait jusqu'au dernier morceau de valeur.

Cokolwiek zjadł, jego żołądek wykorzystał każdą odrobinę wartościowego składnika.

Son sang transportait les nutriments loin dans son corps puissant.

Jego krew rozprowadzała składniki odżywcze po całym jego potężnym ciele.

Cela a créé des tissus solides qui lui ont donné une endurance incroyable.

Dzięki temu zbudował silne tkanki, co dało mu niesamowitą wytrzymałość.

Sa vue et son odorat sont devenus beaucoup plus sensibles qu'avant.

Jego wzrok i węch stały się o wiele bardziej wrażliwe niż wcześniej.

Son ouïe est devenue si fine qu'il pouvait détecter des sons faibles pendant son sommeil.

Jego słuch stał się tak wyostrzony, że mógł słyszeć słabe dźwięki we śnie.

Il savait dans ses rêves si les sons signifiaient sécurité ou danger.

W snach wiedział, czy dźwięki oznaczają bezpieczeństwo, czy niebezpieczeństwo.

Il a appris à mordre la glace entre ses orteils avec ses dents.

Nauczył się gryźć lód zębami między palcami.

Si un point d'eau gelait, il brisait la glace avec ses jambes.

Jeśli zbiornik wodny zamarzł, rozbijał lód nogami.

Il se cabra et frappa violemment la glace avec ses membres antérieurs raides.

Podniósł się i mocno uderzył w lód sztywnymi przednimi kończynami.

Sa capacité la plus frappante était de prédire les changements de vent pendant la nuit.

Jego najbardziej zadziwiającą umiejętnością było przewidywanie zmian kierunku wiatru w ciągu nocy.

Même lorsque l'air était calme, il choisissait des endroits abrités du vent.

Nawet gdy powietrze było nieruchome, wybierał miejsca osłonięte od wiatru.

Partout où il creusait son nid, le vent du lendemain le passait à côté de lui.

Gdziekolwiek wykopał gniazdo, następnego dnia wiatr go ominął.

Il finissait toujours par se blottir et se protéger, sous le vent.

Zawsze czuł się przytulnie i bezpiecznie, po zawietrznej stronie wiatru.

Buck n'a pas seulement appris par l'expérience : son instinct est également revenu.

Buck nie tylko uczył się na błędach, ale także odzyskiwał instynkty.

Les habitudes des générations domestiquées ont commencé à disparaître.

Przyzwyczajenia udomowionych pokoleń zaczęły zanikać.

De manière vague, il se souvenait des temps anciens de sa race.

W jakiś mglisty sposób przypominał sobie dawne czasy swojej rasy.

Il repensa à l'époque où les chiens sauvages couraient en meute dans les forêts.

Przypomniał sobie czasy, gdy dzikie psy biegały w stadach po lasach.

Ils avaient poursuivi et tué leur proie en la poursuivant.

Gonili i zabijali swoją ofiarę.

Il était facile pour Buck d'apprendre à se battre avec force et rapidité.

Buckowi łatwo było nauczyć się walczyć z użyciem pazura i szybkości.

Il utilisait des coupures, des entailles et des coups rapides, tout comme ses ancêtres.

Stosował cięcia, cięcia i szybkie trzaski tak jak jego przodkowie.

Ces ancêtres se sont réveillés en lui et ont réveillé sa nature sauvage.

Przodkowie poruszyli się w nim i obudzili jego dziką naturę.

Leurs anciennes compétences lui avaient été transmises par le sang.

Ich stare umiejętności zostały mu przekazane poprzez linię krwi.

Leurs tours étaient désormais à lui, sans besoin de pratique ni d'effort.

Teraz ich sztuczki były jego, bez potrzeby praktyki czy wysiłku.

Lors des nuits calmes et froides, Buck levait le nez et hurlait.

W spokojne, zimne noce Buck podnosił nos i wył.

Il hurla longuement et profondément, comme le faisaient les loups autrefois.

Wył długo i głęboko, tak jak wyły wilki dawno temu.

À travers lui, ses ancêtres morts pointaient leur nez et hurlaient.

Przez niego jego zmarli przodkowie wskazywali nosami i wyli.

Ils ont hurlé à travers les siècles avec sa voix et sa forme.

Wyły przez wieki jego głosem i kształtem.

Ses cadences étaient les leurs, de vieux cris qui parlaient de chagrin et de froid.

Jego rytm był ich rytmem, starymi krzykami, które mówiły o żalu i zimnie.

Ils chantaient l'obscurité, la faim et le sens de l'hiver.

Śpiewali o ciemności, głodzie i znaczeniu zimy.

Buck a prouvé que la vie est façonnée par des forces qui nous dépassent.

Buck udowodnił, że życie kształtowane jest przez siły wykraczające poza nas samych,

L'ancienne chanson s'éleva à travers Buck et s'empara de son âme.

starożytna pieśń przeszyła Bucka i zawładnęła jego duszą.

Il s'est retrouvé parce que les hommes avaient trouvé de l'or dans le Nord.

Odnalazł siebie, ponieważ ludzie na Północy znaleźli złoto.

Et il s'est retrouvé parce que Manuel, l'aide du jardinier, avait besoin d'argent.

A znalazł się tam, ponieważ Manuel, pomocnik ogrodnika, potrzebował pieniędzy.

La Bête Primordiale Dominante
Dominująca pierwotna bestia

La bête primordiale dominante était aussi forte que jamais en Buck.
Dominująca pierwotna bestia była silna jak zawsze w przypadku Bucka.

Mais la bête primordiale dominante sommeillait en lui.
Jednakże dominująca pierwotna bestia w nim pozostawała uśpiona.

La vie sur le sentier était dure, mais elle renforçait la bête qui sommeillait en Buck.
Życie na szlaku było trudne, ale dzięki niemu w Bucku zagościła silniejsza bestia.

Secrètement, la bête devenait de plus en plus forte chaque jour.
W tajemnicy bestia stawała się z dnia na dzień silniejsza.

Mais cette croissance intérieure est restée cachée au monde extérieur.
Jednak ten wewnętrzny rozwój pozostał ukryty przed światem zewnętrznym.

Une force primordiale, calme et tranquille, se construisait à l'intérieur de Buck.
W Bucku narastała cicha i spokojna pierwotna siła.

Une nouvelle ruse a donné à Buck l'équilibre, le calme, le contrôle et l'équilibre.
Nowa przebiegłość dała Buckowi równowagę, spokój i opanowanie.

Buck s'est concentré sur son adaptation, sans jamais se sentir complètement détendu.
Buck koncentrował się na przystosowaniu, nigdy nie czując się w pełni zrelaksowany.

Il évitait les conflits, ne déclenchait jamais de bagarres et ne cherchait jamais les ennuis.
Unikał konfliktów, nigdy nie wszczynał bójek i nie szukał kłopotów.

Une réflexion lente et constante façonnait chaque mouvement de Buck.

Każdy ruch Bucka był przepełniony powolnością i rozwagą.

Il évitait les choix irréfléchis et les décisions soudaines et imprudentes.

Unikał pochopnych wyborów i nagłych, lekkomyślnych decyzji.

Bien que Buck détestait profondément Spitz, il ne lui montrait aucune agressivité.

Mimo że Buck bardzo nienawidził Spitz'a, nie okazywał mu agresji.

Buck n'a jamais provoqué Spitz et a gardé ses actions contenues.

Buck nigdy nie prowokował Spitza i zachował umiar w swoich działaniach.

Spitz, de son côté, sentait le danger grandissant chez Buck.

Spitz z kolei wyczuł narastające zagrożenie w Bucku.

Il considérait Buck comme une menace et un sérieux défi à son pouvoir.

Uważał Bucka za zagrożenie i poważne wyzwanie dla swojej władzy.

Il profitait de chaque occasion pour grogner et montrer ses dents acérées.

Przy każdej okazji warczał i pokazywał ostre zęby.

Il essayait de déclencher le combat mortel qui devait avoir lieu.

Próbował rozpocząć śmiertelną walkę, która musiała nastąpić.

Au début du voyage, une bagarre a failli éclater entre eux.

Już na początku podróży niemal doszło między nimi do bójki.

Mais un accident inattendu a empêché le combat d'avoir lieu.

Jednak nieoczekiwany wypadek uniemożliwił dojście do walki.

Ce soir-là, ils installèrent leur campement sur le lac Le Barge, extrêmement froid.

Tego wieczoru rozbili obóz nad lodowatym jeziorem Le Barge.

La neige tombait fort et le vent soufflait comme un couteau.

Śnieg padał mocno, a wiatr wiał ostro.

La nuit était venue trop vite et l'obscurité les entourait.

Noc nadeszła zbyt szybko i otoczyła ich ciemność.

Ils n'auraient pas pu choisir un pire endroit pour se reposer.

Trudno było wybrać gorsze miejsce na odpoczynek.

Les chiens cherchaient désespérément un endroit où se coucher.

Psy rozpaczliwie szukały miejsca, gdzie mogłyby się położyć.

Un haut mur de roche s'élevait abruptement derrière le petit groupe.

Za małą grupą wznosiła się wysoka, skalista ściana.

La tente avait été laissée à Dyea pour alléger la charge.

Namiot pozostawiono w Dyea, aby zmniejszyć ładunek.

Ils n'avaient pas d'autre choix que d'allumer le feu sur la glace elle-même.

Nie mieli innego wyjścia, jak rozpalić ogień na samym lodzie.

Ils étendent leurs robes de nuit directement sur le lac gelé.

Rozłożyli swoje szaty do spania bezpośrednio na zamarzniętym jeziorze.

Quelques bâtons de bois flotté leur ont donné un peu de feu.

Kilka kawałków drewna dało im odrobinę ognia.

Mais le feu s'est allumé sur la glace et a fondu à travers elle.

Ale ogień rozpalił się na lodzie i rozmroził się przez niego.

Finalement, ils mangeaient leur dîner dans l'obscurité.

W końcu jedli kolację w ciemnościach.

Buck s'est recroquevillé près du rocher, à l'abri du vent froid.

Buck zwinął się obok skały, chroniąc się przed zimnym wiatrem.

L'endroit était si chaud et sûr que Buck détestait déménager.

Było tam tak ciepło i bezpiecznie, że Buckowi nie chciało się stąd ruszać.

Mais François avait réchauffé le poisson et distribuait les rations.

Ale François podgrzał rybę i rozdawał racje żywnościowe.

Buck finit de manger rapidement et retourna dans son lit.

Buck szybko skończył jeść i wrócił do łóżka.

Mais Spitz était maintenant allongé là où Buck avait fait son lit.

Ale Spitz leżał teraz tam, gdzie Buck zrobił sobie łóżko.

Un grognement sourd avertit Buck que Spitz refusait de bouger.

Niskie warknięcie ostrzegło Bucka, że Spitz nie zamierza się ruszyć.

Jusqu'à présent, Buck avait évité ce combat avec Spitz.

Aż do tej pory Buck unikał walki ze Spitzem.

Mais au plus profond de Buck, la bête s'est finalement libérée.

Lecz głęboko w sercu Bucka bestia w końcu się uwolniła.

Le vol de son lieu de couchage était trop difficile à tolérer.

Kradzież miejsca do spania była dla niego nie do zniesienia.

Buck se lança sur Spitz, plein de colère et de rage.

Buck rzucił się na Spitza, pełen gniewu i wściekłości.

Jusqu'à présent, Spitz pensait que Buck n'était qu'un gros chien.

Aż do teraz Spitz myślał, że Buck to po prostu duży pies.

Il ne pensait pas que Buck avait survécu grâce à son esprit.

Nie wierzył, że Buck przeżył dzięki swojemu duchowi.

Il s'attendait à la peur et à la lâcheté, pas à la fureur et à la vengeance.

Spodziewał się strachu i tchórzostwa, a nie wściekłości i zemsty.

François regarda les deux chiens sortir du nid en ruine.

François patrzył, jak oba psy wyskakują ze zniszczonego gniazda.

Il comprit immédiatement ce qui avait déclenché cette lutte sauvage.

Od razu zrozumiał, co było przyczyną tej zaciekłej walki.

« Aa-ah ! » s'écria François en soutien au chien brun.

„Aa-ah!" – krzyknął François, wspierając brązowego psa.

« Frappez-le ! Par Dieu, punissez ce voleur sournois ! »

„Dajcie mu lanie! Na Boga, ukarzcie tego podstępnego złodzieja!"

Spitz a montré une volonté égale et une impatience folle de se battre.

Spitz wykazywał równą gotowość i ogromną chęć walki.

Il cria de rage tout en tournant rapidement en rond, cherchant une ouverture.

Krzyknął ze złości i zaczął szybko krążyć, szukając otwarcia.

Buck a montré la même soif de combat et la même prudence.

Buck wykazywał tę samą chęć walki i tę samą ostrożność.

Il a également encerclé son adversaire, essayant de prendre le dessus dans la bataille.

Okrążył również swojego przeciwnika, próbując zyskać przewagę w walce.

Puis quelque chose d'inattendu s'est produit et a tout changé.

A potem wydarzyło się coś nieoczekiwanego i wszystko się zmieniło.

Ce moment a retardé l'éventuelle lutte pour le leadership.

Ten moment opóźnił ostateczną walkę o przywództwo.

De nombreux kilomètres de piste et de lutte attendaient encore avant la fin.

Do końca pozostało jeszcze wiele mil szlaku i zmagań.

Perrault cria un juron tandis qu'une massue frappait un os.

Perrault krzyknął przekleństwo, gdy pałka uderzyła w kość.

Un cri aigu de douleur suivit, puis le chaos explosa tout autour.

Potem rozległ się ostry krzyk bólu, a potem wokół wybuchł chaos.

Des formes sombres se déplaçaient dans le camp ; des huskies sauvages, affamés et féroces.

Po obozie poruszały się ciemne sylwetki: dzikie husky, wygłodzone i dzikie.

Quatre ou cinq douzaines de huskies avaient reniflé le camp de loin.

Cztery lub pięć tuzinów husky wywąchało obóz z daleka.

Ils s'étaient glissés discrètement pendant que les deux chiens se battaient à proximité.

Podkradli się cicho, podczas gdy dwa psy walczyły w pobliżu.

François et Perrault chargèrent en brandissant des massues sur les envahisseurs.

François i Perrault rzucili się do ataku, wymachując pałkami w stronę najeźdźców.

Les huskies affamés ont montré les dents et ont riposté avec frénésie.

Wygłodzone husky pokazały zęby i walczyły zaciekle.

L'odeur de la viande et du pain les avait chassés de toute peur.

Zapach mięsa i chleba przegoniły ich wszelki strach.

Perrault battait un chien qui avait enfoui sa tête dans la boîte à nourriture.

Perrault bił psa, który schował głowę w kuwecie.

Le coup a été violent et la boîte s'est retournée, la nourriture s'est répandue.

Uderzenie było tak silne, że pudełko się przewróciło, a jedzenie wysypało się z niego.

En quelques secondes, une vingtaine de bêtes sauvages déchirèrent le pain et la viande.

W ciągu kilku sekund chmara dzikich zwierząt rzuciła się na chleb i mięso.

Les clubs masculins ont porté coup sur coup, mais aucun chien ne s'est détourné.

Mężczyźni zadawali cios za ciosem, ale żaden pies nie odwracał wzroku.

Ils hurlaient de douleur, mais se battaient jusqu'à ce qu'il ne reste plus de nourriture.

Wyli z bólu, ale walczyli, dopóki nie zabrakło im pożywienia.

Pendant ce temps, les chiens de traîneau avaient sauté de leurs lits enneigés.

Tymczasem psy zaprzęgowe wyskoczyły ze swoich zaśnieżonych legowisk.

Ils ont été immédiatement attaqués par les huskies vicieux et affamés.

Natychmiast zaatakowały ich dzikie i głodne psy husky.

Buck n'avait jamais vu de créatures aussi sauvages et affamées auparavant.

Buck nigdy wcześniej nie widział tak dzikich i wygłodniałych stworzeń.

Leur peau pendait librement, cachant à peine leur squelette.
Ich skóra zwisała luźno, ledwie zakrywając szkielety.

Il y avait un feu dans leurs yeux, de faim et de folie
W ich oczach płonął ogień, od głodu i szaleństwa

Il n'y avait aucun moyen de les arrêter, aucune résistance à leur ruée sauvage.
Nie było możliwości ich zatrzymania, nie można było oprzeć się ich dzikiemu natarciu.

Les chiens de traîneau furent repoussés, pressés contre la paroi de la falaise.
Psy zaprzęgowe zostały odepchnięte i przyciśnięte do ściany klifu.

Trois huskies ont attaqué Buck en même temps, déchirant sa chair.
Trzy husky rzuciły się na Bucka jednocześnie, rozrywając mu ciało.

Du sang coulait de sa tête et de ses épaules, là où il avait été coupé.
Krew lała się z jego głowy i ramion, gdzie został rozcięty.

Le bruit remplissait le camp : grognements, cris et cris de douleur.
Hałas wypełnił obóz: warczenie, wycie i krzyki bólu.

Billee pleurait fort, comme d'habitude, prise dans la mêlée et la panique.
Billee, jak zwykle, krzyknęła głośno, pochłonięta kłótnią i paniką.

Dave et Solleks se tenaient côte à côte, saignant mais provocants.
Dave i Solleks stali obok siebie, krwawiąc, ale stawiając opór.

Joe s'est battu comme un démon, mordant tout ce qui s'approchait.
Joe walczył jak demon, gryząc każdego, kto się do niego zbliżył.

Il a écrasé la jambe d'un husky d'un claquement brutal de ses mâchoires.

Jednym brutalnym trzaśnięciem szczęk zmiażdżył nogę husky'ego.

Pike a sauté sur le husky blessé et lui a brisé le cou instantanément.

Pike rzucił się na rannego husky'ego i na miejscu złamał mu kark.

Buck a attrapé un husky par la gorge et lui a déchiré la veine.

Buck złapał husky'ego za gardło i przeciął mu żyłę.

Le sang gicla et le goût chaud poussa Buck dans une frénésie.

Trysnęła krew, a jej ciepły smak wprawił Bucka w szał.

Il s'est jeté sur un autre agresseur sans hésitation.

Bez wahania rzucił się na kolejnego napastnika.

Au même moment, des dents acérées s'enfoncèrent dans la gorge de Buck.

W tym samym momencie ostre zęby wbiły się w gardło Bucka.

Spitz avait frappé de côté, attaquant sans avertissement.

Spitz zaatakował z boku, niespodziewanie.

Perrault et François avaient vaincu les chiens en volant la nourriture.

Perrault i François pokonali psy kradnące jedzenie.

Ils se sont alors précipités pour aider leurs chiens à repousser les attaquants.

Teraz rzucili się, by pomóc swoim psom odeprzeć napastników.

Les chiens affamés se retirèrent tandis que les hommes brandissaient leurs gourdins.

Głodne psy cofnęły się, gdy mężczyźni wymachiwali pałkami.

Buck s'est libéré de l'attaque, mais l'évasion a été brève.

Buckowi udało się uwolnić od ataku, ale ucieczka nie trwała długo.

Les hommes ont couru pour sauver leurs chiens, et les huskies ont de nouveau afflué.

Mężczyźni pobiegli ratować swoje psy, ale husky znów się rzuciły.

Billee, effrayé et courageux, sauta dans la meute de chiens.

Billee, przestraszony i odważny, rzucił się w sforę psów.

Mais il s'est alors enfui sur la glace, saisi de terreur et de panique.

Ale potem uciekł przez lód, w panice i przerażeniu.

Pike et Dub suivaient de près, courant pour sauver leur vie.

Pike i Dub podążali tuż za nimi, uciekając, by ratować życie.

Le reste de l'équipe s'est séparé et dispersé, les suivant.

Reszta drużyny rozproszyła się i podążyła za nimi.

Buck rassembla ses forces pour courir, mais vit alors un éclair.

Buck zebrał siły, żeby uciekać, ale wtedy zobaczył błysk.

Spitz s'est jeté sur le côté de Buck, essayant de le faire tomber au sol.

Spitz rzucił się na Bucka, próbując powalić go na ziemię.

Sous cette foule de huskies, Buck n'aurait eu aucune échappatoire.

Pod osłoną tej gromady husky Buck nie miałby szans na ucieczkę.

Mais Buck est resté ferme et s'est préparé au coup de Spitz.

Jednak Buck pozostał nieugięty i przygotował się na cios Spitza.

Puis il s'est retourné et a couru sur la glace avec l'équipe en fuite.

Następnie odwrócił się i wybiegł na lód wraz z uciekającą drużyną.

Plus tard, les neuf chiens de traîneau se sont rassemblés à l'abri des bois.

Później dziewięć psów zaprzęgowych zebrało się pod osłoną lasu.

Personne ne les poursuivait plus, mais ils étaient battus et blessés.

Nikt ich już nie gonił, ale byli pobici i ranni.

Chaque chien avait des blessures ; quatre ou cinq coupures profondes sur chaque corps.

Każdy pies miał rany: cztery lub pięć głębokich cięć na ciele każdego.

Dub avait une patte arrière blessée et avait du mal à marcher maintenant.

Dub miał uszkodzoną tylną nogę i teraz miał problemy z chodzeniem.

Dolly, le nouveau chien de Dyea, avait la gorge tranchée.

Dolly, najnowszy pies z Dyea, miał poderżnięte gardło.

Joe avait perdu un œil et l'oreille de Billee était coupée en morceaux

Joe stracił oko, a ucho Billee zostało pocięte na kawałki

Tous les chiens ont crié de douleur et de défaite toute la nuit.

Wszystkie psy wyły z bólu i porażki przez całą noc.

À l'aube, ils retournèrent au camp, endoloris et brisés.

O świcie wrócili do obozu, obolali i połamani.

Les huskies avaient disparu, mais le mal était fait.

Husky zniknęły, ale szkody zostały wyrządzone.

Perrault et François étaient de mauvaise humeur à cause de la ruine.

Perrault i François byli w kiepskim nastroju z powodu ruiny.

La moitié de la nourriture avait disparu, volée par les voleurs affamés.

Połowa jedzenia zniknęła, rozkradziona przez głodnych złodziei.

Les huskies avaient déchiré les fixations et la toile du traîneau.

Husky rozerwały wiązania i płótno sań.

Tout ce qui avait une odeur de nourriture avait été complètement dévoré.

Wszystko co pachniało jedzeniem zostało całkowicie pożarte.

Ils ont mangé une paire de bottes de voyage en peau d'élan de Perrault.

Zjedli parę podróżnych butów Perraulta wykonanych z łosiej skóry.

Ils ont mâché des reis en cuir et ruiné des sangles au point de les rendre inutilisables.

Przeżuwali skórzane reisy i niszczyli paski do tego stopnia, że nie nadawały się do użytku.

François cessa de fixer le fouet déchiré pour vérifier les chiens.

François przestał patrzeć na podartą rzęsę, aby sprawdzić psy.

« Ah, mes amis », dit-il d'une voix basse et pleine d'inquiétude.

„Ach, moi przyjaciele" – powiedział cichym, pełnym troski głosem.

« Peut-être que toutes ces morsures vous transformeront en bêtes folles. »

„Może wszystkie te ugryzienia zamienią was w szalone bestie".

« Peut-être que ce sont tous des chiens enragés, sacredam ! Qu'en penses-tu, Perrault ? »

„Może wszystkie wściekłe psy, sacredam! Co o tym myślisz, Perrault?"

Perrault secoua la tête, les yeux sombres d'inquiétude et de peur.

Perrault pokręcił głową, jego oczy pociemniały z troski i strachu.

Il y avait encore quatre cents milles entre eux et Dawson.

Między nimi a Dawsonem było jeszcze czterysta mil.

La folie canine pourrait désormais détruire toute chance de survie.

Szaleństwo psów może teraz zniszczyć wszelkie szanse na przetrwanie.

Ils ont passé deux heures à jurer et à essayer de réparer le matériel.

Przez dwie godziny przeklinali i próbowali naprawić sprzęt.

L'équipe blessée a finalement quitté le camp, brisée et vaincue.

Ranna drużyna w końcu opuściła obóz, złamana i pokonana.

C'était le sentier le plus difficile jusqu'à présent, et chaque pas était douloureux.

To był najtrudniejszy ze wszystkich szlaków i każdy krok sprawiał ból.

La rivière Thirty Mile n'était pas gelée et coulait à flots.

Rzeka Thirty Mile nie zamarzła i płynęła gwałtownie.

Ce n'est que dans les endroits calmes et les tourbillons que la glace parvenait à tenir.

Tylko w spokojnych miejscach i wirujących zawirowaniach lód udawało się utrzymać.

Six jours de dur labeur se sont écoulés jusqu'à ce que les trente milles soient parcourus.

Po sześciu dniach ciężkiej pracy pokonaliśmy trzydzieści mil.

Chaque kilomètre parcouru sur le sentier apportait du danger et une menace de mort.

Każdy kilometr szlaku niósł ze sobą niebezpieczeństwo i groźbę śmierci.

Les hommes et les chiens risquaient leur vie à chaque pas douloureux.

Mężczyźni i psy ryzykowali życie przy każdym bolesnym kroku.

Perrault a franchi des ponts de glace minces à une douzaine de reprises.

Perraultowi udało się przebić przez cienkie mosty lodowe dziesiątki razy.

Il portait une perche et la laissait tomber sur le trou que son corps avait fait.

Wziął do ręki drąg i rzucił go w dół, w dół otworu, który zrobił jego ciało.

Plus d'une fois, ce poteau a sauvé Perrault de la noyade.

Niejednokrotnie ten kij uratował Perraulta przed utonięciem.

La vague de froid persistait, l'air était à cinquante degrés en dessous de zéro.

Fala mrozu utrzymywała się, temperatura powietrza wynosiła pięćdziesiąt stopni poniżej zera.

Chaque fois qu'il tombait, Perrault devait allumer un feu pour survivre.

Za każdym razem, gdy wpadł do wody, Perrault musiał rozpalić ogień, aby przeżyć.

Les vêtements mouillés gelaient rapidement, alors il les séchait près d'une source de chaleur intense.

Mokre ubrania szybko zamarzały, więc suszył je w pobliżu gorącego powietrza.

Aucune peur n'a jamais touché Perrault, et cela a fait de lui un courrier.

Perrault nigdy nie znał strachu i to uczyniło go kurierem.

Il a été choisi pour le danger, et il l'a affronté avec une résolution tranquille.

Wybrano go na niebezpieczeństwo i stawił mu czoła z cichą determinacją.

Il s'avança face au vent, son visage ratatiné et gelé.

Napierał na wiatr, a jego pomarszczona twarz była odmrożona.

De l'aube naissante à la tombée de la nuit, Perrault les mena en avant.

Perrault prowadził ich dalej od bladego świtu do zapadnięcia zmroku.

Il marchait sur une étroite bordure de glace qui se fissurait à chaque pas.

Szedł po wąskiej krawędzi lodu, która pękała przy każdym kroku.

Ils n'osaient pas s'arrêter : chaque pause risquait de provoquer un effondrement mortel.

Nie odważyli się zatrzymać, gdyż każda przerwa groziła śmiertelnym upadkiem.

Un jour, le traîneau s'est brisé, entraînant Dave et Buck à l'intérieur.

Pewnego razu sanie przebiły się i wciągnęły Dave'a i Bucka.

Au moment où ils ont été libérés, tous deux étaient presque gelés.

Kiedy ich uwolniono, oboje byli prawie zamarznięci.

Les hommes ont rapidement allumé un feu pour garder Buck et Dave en vie.

Mężczyźni szybko rozpalili ognisko, aby ocalić Bucka i Dave'a.

Les chiens étaient recouverts de glace du nez à la queue, raides comme du bois sculpté.

Psy były pokryte lodem od nosa aż po ogon, sztywne jak rzeźbione drewno.

Les hommes les faisaient courir en rond près du feu pour décongeler leurs corps.

Mężczyźni krążyli wokół ognia, żeby rozmrozić ciała.

Ils se sont approchés si près des flammes que leur fourrure a été brûlée.

Podeszli tak blisko płomieni, że ich futro się przypaliło.

Spitz a ensuite brisé la glace, entraînant l'équipe derrière lui.

Następnie Spitz przebił się przez lód, ciągnąc za sobą drużynę.

La cassure s'est étendue jusqu'à l'endroit où Buck tirait.

Przerwa sięgała aż do miejsca, w którym ciągnął Buck.

Buck se pencha en arrière, ses pattes glissant et tremblant sur le bord.

Buck odchylił się mocno do tyłu, jego łapy ześlizgnęły się i zadrżały na krawędzi.

Dave a également tendu vers l'arrière, juste derrière Buck sur la ligne.

Dave również naprężył się do tyłu, tuż za Buckiem na linii.

François tirait sur le traîneau, ses muscles craquant sous l'effort.

François ciągnął sanie, jego mięśnie trzeszczały z wysiłku.

Une autre fois, la glace du bord s'est fissurée devant et derrière le traîneau.

Innym razem lód na krawędzi sań popękał przed i za nimi.

Ils n'avaient d'autre issue que d'escalader une paroi rocheuse gelée.

Nie mieli innego wyjścia, jak wspiąć się na zamarzniętą ścianę klifu.

Perrault a réussi à escalader le mur, mais un miracle l'a maintenu en vie.

Perraultowi jakimś cudem udało się wspiąć na mur; cud pozwolił mu przeżyć.

François resta en bas, priant pour avoir le même genre de chance.

François pozostał na dole, modląc się o podobne szczęście.

Ils ont attaché chaque sangle, chaque amarrage et chaque traçage en une seule longue corde.

Związali wszystkie paski, wiązania i linki w jedną długą linę.

Les hommes ont hissé chaque chien, un par un, jusqu'au sommet.

Mężczyźni wciągnęli po kolei wszystkie psy na górę.

François est monté en dernier, après le traîneau et toute la charge.

François wspiął się ostatni, za saniami i całym ładunkiem.

Commença alors une longue recherche d'un chemin pour descendre des falaises.

Następnie rozpoczęły się długie poszukiwania ścieżki prowadzącej w dół z klifu.

Ils sont finalement descendus en utilisant la même corde qu'ils avaient fabriquée.

W końcu zeszli na dół, korzystając z tej samej liny, którą sami zrobili.

La nuit tombait alors qu'ils retournaient au lit de la rivière, épuisés et endoloris.

Noc zapadła, gdy wrócili do koryta rzeki, wyczerpani i obolali.

La journée entière ne leur avait permis de gagner qu'un quart de mile.

Cały dzień pozwolił im przebyć zaledwie ćwierć mili.

Au moment où ils atteignirent le Hootalinqua, Buck était épuisé.

Gdy dotarli do Hootalinqua, Buck był już wyczerpany.

Les autres chiens ont tout autant souffert des conditions du sentier.

Pozostałe psy cierpiały równie mocno z powodu warunków panujących na szlaku.

Mais Perrault avait besoin de récupérer du temps et les poussait chaque jour.

Ale Perrault potrzebował czasu, żeby odzyskać siły, i każdego dnia wywierał na nich presję.

Le premier jour, ils ont parcouru trente miles jusqu'à Big Salmon.

Pierwszego dnia przejechali trzydzieści mil do Big Salmon.

Le lendemain, ils parcoururent trente-cinq milles jusqu'à Little Salmon.

Następnego dnia przebyli trzydzieści pięć mil, aby dotrzeć do Little Salmon.

Le troisième jour, ils ont parcouru quarante longs kilomètres gelés.

Trzeciego dnia przebyli czterdzieści długich, zamarzniętych mil.

À ce moment-là, ils approchaient de la colonie de Five Fingers.

Wówczas zbliżali się do osady Five Fingers.

Les pieds de Buck étaient plus doux que les pieds durs des huskies indigènes.

Stopy Bucka były bardziej miękkie niż twarde stopy rodzimych husky.

Ses pattes étaient devenues plus fragiles au fil des générations civilisées.

Jego łapy stały się wrażliwsze na przestrzeni wielu cywilizowanych pokoleń.

Il y a longtemps, ses ancêtres avaient été apprivoisés par des hommes de la rivière ou des chasseurs.

Dawno temu jego przodkowie zostali oswojeni przez ludzi żyjących nad rzekami lub myśliwych.

Chaque jour, Buck boitait de douleur, marchant sur des pattes à vif et douloureuses.

Buck każdego dnia utykał z bólu, chodząc na poranionych, bolących łapach.

Au camp, Buck tomba comme une forme sans vie sur la neige.

W obozie Buck padł bez życia na śnieg.

Bien qu'affamé, Buck ne s'est pas levé pour manger son repas du soir.

Chociaż Buck był głodny, nie wstał, aby zjeść kolację.

François apporta sa ration à Buck, en déposant du poisson près de son museau.

François przyniósł Buckowi jego porcję, kładąc rybę za pysk.

Chaque nuit, le chauffeur frottait les pieds de Buck pendant une demi-heure.

Każdej nocy kierowca masował stopy Bucka przez pół godziny.

François a même découpé ses propres mocassins pour en faire des chaussures pour chiens.

François nawet pociął własne mokasyny na kawałki, aby zrobić z nich obuwie dla psów.

Quatre chaussures chaudes ont apporté à Buck un grand et bienvenu soulagement.

Cztery ciepłe buty dały Buckowi wielką i mile widzianą ulgę.

Un matin, François oublia ses chaussures et Buck refusa de se lever.

Pewnego ranka François zapomniał o butach, a Buck nie chciał wstać.

Buck était allongé sur le dos, les pieds en l'air, les agitant pitoyablement.

Buck leżał na plecach, machając stopami w powietrzu i żałośnie nimi machając.

Même Perrault sourit à la vue de l'appel dramatique de Buck.

Nawet Perrault uśmiechnął się na widok dramatycznej prośby Bucka.

Bientôt, les pieds de Buck devinrent durs et les chaussures purent être jetées.

Wkrótce stopy Bucka stwardniały i buty można było wyrzucić.

À Pelly, pendant le temps du harnais, Dolly laissait échapper un hurlement épouvantable.

W czasie zaprzęgu Pelly Dolly wydała z siebie przeraźliwy wycie.

Le cri était long et rempli de folie, secouant chaque chien.

Krzyk był długi i pełen szaleństwa, wstrząsnął każdym psem.

Chaque chien se hérissait de peur sans en connaître la raison.

Każdy pies zjeżył się ze strachu, nie wiedząc dlaczego.

Dolly était devenue folle et s'était jetée directement sur Buck.

Dolly wpadła w szał i rzuciła się prosto na Bucka.

Buck n'avait jamais vu la folie, mais l'horreur remplissait son cœur.

Buck nigdy nie widział szaleństwa, ale jego serce przepełniało przerażenie.

Sans réfléchir, il se retourna et s'enfuit, complètement paniqué.

Nie zastanawiając się długo, odwrócił się i uciekł w kompletnej panice.

Dolly le poursuivit, les yeux fous, la salive s'échappant de ses mâchoires.

Dolly goniła go, jej oczy były dzikie, a z pyska ciekła ślina.

Elle est restée juste derrière Buck, sans jamais gagner ni reculer.

Trzymała się tuż za Buckiem, ani go nie wyprzedzała, ani nie zwalniała.

Buck courut à travers les bois, le long de l'île, sur de la glace déchiquetée.

Buck pobiegł przez lasy, w dół wyspy, po nierównym lodzie.

Il traversa vers une île, puis une autre, revenant vers la rivière.

Przepłynął na jedną wyspę, potem na drugą, wracając w stronę rzeki.

Dolly le poursuivait toujours, son grognement le suivant de près à chaque pas.

Dolly nadal go goniła, warcząc przy każdym kroku.

Buck pouvait entendre son souffle et sa rage, même s'il n'osait pas regarder en arrière.

Buck słyszał jej oddech i wściekłość, choć nie odważył się obejrzeć.

François cria de loin, et Buck se tourna vers la voix.

François krzyknął z daleka i Buck odwrócił się w kierunku głosu.

Encore à bout de souffle, Buck courut, plaçant tout espoir en François.

Buck, wciąż łapczywie łapiąc powietrze, przebiegł obok, pokładając całą nadzieję w François.

Le conducteur du chien leva une hache et attendit que Buck passe à toute vitesse.

Poganiacz psa podniósł siekierę i czekał, aż Buck przeleci obok.

La hache s'abattit rapidement et frappa la tête de Dolly avec une force mortelle.

Topór opadł szybko i uderzył Dolly w głowę ze śmiertelną siłą.

Buck s'est effondré près du traîneau, essoufflé et incapable de bouger.

Buck upadł obok sań, dysząc i nie mogąc się ruszyć.

Ce moment a donné à Spitz l'occasion de frapper un ennemi épuisé.

Ten moment dał Spitzowi szansę na zaatakowanie wyczerpanego przeciwnika.

Il a mordu Buck à deux reprises, déchirant la chair jusqu'à l'os blanc.

Dwa razy ugryzł Bucka, rozrywając jego ciało aż do białej kości.

Le fouet de François claqua, frappant Spitz avec toute sa force et sa fureur.

Bicz François'a trzasnął, uderzając Spitza z pełną, wściekłą siłą.

Buck regarda avec joie Spitz recevoir sa raclée la plus dure jusqu'à présent.

Buck z radością patrzył, jak Spitz otrzymał najmocniejsze lanie w swojej karierze.

« C'est un diable, ce Spitz », murmura sombrement Perrault pour lui-même.

„Ten Szpic to prawdziwy diabeł" – mruknął ponuro Perrault do siebie.

« Un jour prochain, ce maudit chien tuera Buck, je le jure. »

„Pewnego dnia, niedługo, ten przeklęty pies zabije Bucka, przysięgam."

« Ce Buck a deux démons en lui », répondit François en hochant la tête.

„W tym Bucku kryją się dwa diabły" – odpowiedział François, kiwając głową.

« Quand je regarde Buck, je sais que quelque chose de féroce l'attend. »

„Kiedy patrzę na Bucka, wiem, że kryje się w nim coś groźnego".

« Un jour, il deviendra fou comme le feu et mettra Spitz en pièces. »

„Pewnego dnia wpadnie we wściekłość i rozszarpie Spitza na strzępy."

« Il va mâcher ce chien et le recracher sur la neige gelée. »

„On pogryzie tego psa i wypluje go na zamarznięty śnieg".

« Bien sûr que non, je le sais au plus profond de moi. »

„Na pewno, czuję to głęboko w kościach."

À partir de ce moment-là, les deux chiens étaient engagés dans une guerre.

Od tego momentu pomiędzy dwoma psami trwała wojna.

Spitz a dirigé l'équipe et a conservé le pouvoir, mais Buck a contesté cela.

Spitz przewodził drużynie i miał władzę, ale Buck temu zakwestionował.

Spitz a vu son rang menacé par cet étrange étranger du Sud.

Spitz uznał, że jego ranga jest zagrożona przez tego dziwnego przybysza z Południa.

Buck ne ressemblait à aucun autre chien du sud que Spitz avait connu auparavant.

Buck nie przypominał żadnego południowego psa, jakiego szpice kiedykolwiek znali.

La plupart d'entre eux ont échoué, trop faibles pour survivre au froid et à la faim.

Większość z nich poniosła porażkę — byli zbyt słabi, by przetrwać zimno i głód.

Ils sont morts rapidement à cause du travail, du gel et de la lenteur de la famine.

Umierali szybko z powodu pracy, mrozu i powolnego głodu.

Buck se démarquait : plus fort, plus intelligent et plus sauvage chaque jour.

Buck wyróżniał się — z każdym dniem silniejszy, mądrzejszy i bardziej dziki.

Il a prospéré dans les difficultés, grandissant jusqu'à égaler les huskies du Nord.

Dobrze znosił trudności i dorósł dorównując północnym husky.

Buck avait de la force, une habileté sauvage et un instinct patient et mortel.

Buck miał siłę, niezwykłe umiejętności oraz cierpliwy i śmiercionośny instynkt.

L'homme avec la massue avait fait perdre à Buck toute témérité.

Człowiek z pałką wybił Bucka z rytmu.

La fureur aveugle avait disparu, remplacée par une ruse silencieuse et un contrôle.

Ślepa furia zniknęła, zastąpiona cichą przebiegłością i kontrolą.

Il attendait, calme et primitif, guettant le bon moment.

Czekał spokojnie i pierwotnie, wypatrując właściwego momentu.

Leur lutte pour le commandement est devenue inévitable et claire.

Ich walka o dowództwo stała się nieunikniona i oczywista.

Buck désirait être un leader parce que son esprit l'exigeait.

Buck pragnął przywództwa, ponieważ wymagał tego jego duch.

Il était poussé par l'étrange fierté née du sentier et du harnais.

Napędzała go dziwna duma zrodzona z wypraw szlakowych i uprzęży.

Cette fierté a poussé les chiens à tirer jusqu'à ce qu'ils s'effondrent sur la neige.

Ta duma sprawiała, że psy ciągnęły, aż padły na śnieg.

L'orgueil les a poussés à donner toute la force qu'ils avaient.

Duma kazała im dać z siebie wszystko.

L'orgueil peut attirer un chien de traîneau jusqu'à la mort.
Pycha może doprowadzić psa zaprzęgowego nawet do
śmierci.
La perte du harnais a laissé les chiens brisés et sans but.
Utrata uprzęży powodowała, że psy były wyniszczone i
pozbawione celu.
**Le cœur d'un chien de traîneau peut être brisé par la honte
lorsqu'il prend sa retraite.**
Serce psa zaprzęgowego może zostać złamane przez wstyd,
gdy przejdzie na emeryturę.
**Dave vivait avec cette fierté alors qu'il tirait le traîneau par
derrière.**
Dave kierował się tą dumą, ciągnąc sanie od tyłu.
**Solleks, lui aussi, a tout donné avec une force et une loyauté
redoutables.**
Solleks także dał z siebie wszystko, wykazał się ponurą siłą i
lojalnością.
**Chaque matin, l'orgueil les faisait passer de l'amertume à la
détermination.**
Każdego ranka duma zmieniała ich z rozgoryczonych w
zdeterminowanych.
**Ils ont poussé toute la journée, puis sont restés silencieux à
la fin du camp.**
Naciskali cały dzień, a potem ucichli na końcu obozu.
**Cette fierté a donné à Spitz la force de battre les tire-au-
flanc.**
Ta duma dała Spitzowi siłę, by zmusić uchylających się od
służby do stania w szeregu.
**Spitz craignait Buck parce que Buck portait cette même
fierté profonde.**
Spitz bał się Bucka, ponieważ Buck był dumny z siebie i
innych.
**L'orgueil de Buck s'est alors retourné contre Spitz, et il ne
s'est pas arrêté.**
Duma Bucka w tej chwili obudziła Spitza i nie przestawał.
**Buck a défié le pouvoir de Spitz et l'a empêché de punir les
chiens.**

Buck sprzeciwił się Spitzowi i uniemożliwił mu karanie psów.

Lorsque les autres échouaient, Buck s'interposait entre eux et leur chef.

Kiedy inni zawiedli, Buck stanął między nimi a ich przywódcą.

Il l'a fait intentionnellement, en rendant son défi ouvert et clair.

Uczynił to celowo, czyniąc swoje wyzwanie otwartym i jasnym.

Une nuit, une forte neige a recouvert le monde d'un profond silence.

Pewnej nocy gęsty śnieg pokrył świat głęboką ciszą.

Le lendemain matin, Pike, paresseux comme toujours, ne se leva pas pour aller travailler.

Następnego ranka Pike, leniwy jak zwykle, nie wstał do pracy.

Il est resté caché dans son nid sous une épaisse couche de neige.

Pozostał ukryty w gnieździe pod grubą warstwą śniegu.

François a appelé et cherché, mais n'a pas pu trouver le chien.

François wołał i szukał psa, ale nie mógł go znaleźć.

Spitz devint furieux et se précipita à travers le camp couvert de neige.

Spitz wpadł we wściekłość i pobiegł przez pokryty śniegiem obóz.

Il grogna et renifla, creusant frénétiquement avec des yeux flamboyants.

Warczał i węszył, kopiąc jak szalony, a jego oczy płonęły.

Sa rage était si féroce que Pike tremblait sous la neige de peur.

Jego wściekłość była tak wielka, że Pike trząsł się pod śniegiem ze strachu.

Lorsque Pike fut finalement retrouvé, Spitz se précipita pour punir le chien qui se cachait.

Kiedy w końcu odnaleziono Pike'a, Spitz rzucił się, by ukarać ukrywającego się psa.

Mais Buck s'est précipité entre eux avec une fureur égale à celle de Spitz.

Jednakże Buck rzucił się między nich z wściekłością równą wściekłości Spitz'a.

L'attaque fut si soudaine et intelligente que Spitz tomba.

Atak był tak nagły i sprytny, że Spitz stracił równowagę.

Pike, qui tremblait, puisa du courage dans ce défi.

Pike, który cały się trząsł, nabrał odwagi dzięki temu buntowi.

Il sauta sur le Spitz tombé, suivant l'exemple audacieux de Buck.

Skoczył na leżącego Szpica, idąc za śmiałym przykładem Bucka.

Buck, n'étant plus tenu par l'équité, a rejoint la grève contre Spitz.

Buck, nie kierując się już zasadami uczciwości, przyłączył się do strajku na Spitz.

François, amusé mais ferme dans sa discipline, balançait son lourd fouet.

François, rozbawiony, lecz stanowczy w dyscyplinie, zamachnął się ciężkim batem.

Il frappa Buck de toutes ses forces pour mettre fin au combat.

Uderzył Bucka z całej siły, aby przerwać walkę.

Buck a refusé de bouger et est resté au sommet du chef tombé.

Buck odmówił ruchu i pozostał na leżącym przywódcy.

François a ensuite utilisé le manche du fouet, frappant Buck durement.

Następnie François użył rękojeści bata i uderzył Bucka mocno.

Titubant sous le coup, Buck recula sous l'assaut.

Buck zatoczył się od ciosu i upadł pod naporem ataku.

François frappait encore et encore tandis que Spitz punissait Pike.

François uderzał raz po raz, podczas gdy Spitz karał Pike'a.

Les jours passèrent et Dawson City se rapprocha de plus en plus.

Dni mijały, a Dawson City było coraz bliżej.

Buck n'arrêtait pas d'intervenir, se glissant entre le Spitz et les autres chiens.

Buck ciągle wtrącał się, wślizgując się między Spitz i inne psy.

Il choisissait bien ses moments, attendant toujours que François parte.

Dobrze wybierał momenty, zawsze czekając, aż François odejdzie.

La rébellion silencieuse de Buck s'est propagée et le désordre a pris racine dans l'équipe.

Cichy bunt Bucka rozprzestrzenił się, a w drużynie zapanował nieporządek.

Dave et Solleks sont restés fidèles, mais d'autres sont devenus indisciplinés.

Dave i Solleks pozostali lojalni, ale inni stali się nieposłuszni.

L'équipe est devenue de plus en plus agitée, querelleuse et hors de propos.

W zespole działo się coraz gorzej — byli niespokojni, kłótliwi i wykraczali poza swoje granice.

Plus rien ne fonctionnait correctement et les bagarres devenaient courantes.

Nic już nie działało tak, jak powinno, a walki stały się codziennością.

Buck est resté au cœur des troubles, provoquant toujours des troubles.

Buck pozostawał w centrum problemów i stale prowokował niepokoje.

François restait vigilant, effrayé par le combat entre Buck et Spitz.

François pozostał czujny, bojąc się walki między Buckiem i Spitzem.

Chaque nuit, des bagarres le réveillaient, craignant que le commencement n'arrive enfin.

Każdej nocy budziły go bójki, obawiał się, że w końcu nadszedł początek.

Il sauta de sa robe, prêt à mettre fin au combat.

Zerwał się z szaty, gotowy przerwać walkę.

Mais le moment n'arriva jamais et ils atteignirent finalement Dawson.

Ale ten moment nie nadszedł i w końcu dotarli do Dawson.

L'équipe est entrée dans la ville un après-midi sombre, tendu et calme.

Zespół wkroczył do miasta pewnego ponurego popołudnia, pełnego napięcia i ciszy.

La grande bataille pour le leadership était encore en suspens dans l'air glacial.

Wielka bitwa o przywództwo wciąż wisiała w mroźnym powietrzu.

Dawson était rempli d'hommes et de chiens de traîneau, tous occupés à travailler.

W Dawson było pełno mężczyzn i psów zaprzęgowych, wszyscy zajęci pracą.

Buck regardait les chiens tirer des charges du matin au soir.

Buck obserwował psy ciągnące ładunki od rana do wieczora.

Ils transportaient des bûches et du bois de chauffage et acheminaient des fournitures vers les mines.

Przewozili kłody i drewno opałowe, dostarczali zaopatrzenie do kopalni.

Là où les chevaux travaillaient autrefois dans le Southland, les chiens travaillent désormais.

Tam, gdzie kiedyś na Południu pracowały konie, teraz pracowały psy.

Buck a vu quelques chiens du Sud, mais la plupart étaient des huskies ressemblant à des loups.

Buck widział kilka psów z Południa, ale większość z nich to były husky przypominające wilki.

La nuit, comme une horloge, les chiens élevaient la voix pour chanter.

Nocą, jak w zegarku, psy podnosiły głosy, śpiewając.

À neuf heures, à minuit et à nouveau à trois heures, les chants ont commencé.

O dziewiątej, o północy i ponownie o trzeciej rozpoczynało się śpiewanie.

Buck aimait se joindre à leur chant étrange, au son sauvage et ancien.

Buck uwielbiał przyłączać się do ich niesamowitego śpiewu, dzikiego i pradawnego w brzmieniu.

Les aurores boréales flamboyaient, les étoiles dansaient et la neige recouvrait le pays.

Zorza polarna płonęła, gwiazdy tańczyły, a ziemia pokryła się śniegiem.

Le chant des chiens s'éleva comme un cri contre le silence et le froid glacial.

Pieśń psów była krzykiem przeciw ciszy i przenikliwemu zimnu.

Mais leur hurlement contenait de la tristesse, et non du défi, dans chaque longue note.

Jednakże w ich wyciu każda długa nuta wyrażała smutek, a nie bunt.

Chaque cri plaintif était plein de supplications, le fardeau de la vie elle-même.

Każdy płaczliwy krzyk brzmiał w nim jak błaganie, ciężar samego życia.

Cette chanson était vieille, plus vieille que les villes et plus vieille que les incendies.

Ta piosenka była stara – starsza niż miasta i starsza niż pożary

Cette chanson était encore plus ancienne que les voix des hommes.

Pieśń ta była starsza niż głosy ludzkie.

C'était une chanson du monde des jeunes, quand toutes les chansons étaient tristes.

To była piosenka z młodości, kiedy wszystkie piosenki były smutne.

La chanson portait la tristesse d'innombrables générations de chiens.

Piosenka ta wyrażała smutek niezliczonych pokoleń psów.

Buck ressentait profondément la mélodie, gémissant de douleur enracinée dans les âges.

Buck głęboko odczuł melodię, jęcząc z bólu zakorzenionego w wiekach.

Il sanglotait d'un chagrin aussi vieux que le sang sauvage dans ses veines.

Płakał z żalu tak starego, jak krew krążąca w jego żyłach.

Le froid, l'obscurité et le mystère ont touché l'âme de Buck.

Zimno, mrok i tajemnica poruszyły duszę Bucka.

Cette chanson prouvait à quel point Buck était revenu à ses origines.

Piosenka ta pokazała, jak daleko Buck powrócił do swoich korzeni.

À travers la neige et les hurlements, il avait trouvé le début de sa propre vie.

Poprzez śnieg i wycie odnalazł początek własnego życia.

Sept jours après leur arrivée à Dawson, ils repartent.

Siedem dni po przybyciu do Dawson wyruszyli ponownie.

L'équipe est descendue de la caserne jusqu'au sentier du Yukon.

Zespół wyruszył z koszar w stronę szlaku Yukon.

Ils ont commencé le voyage de retour vers Dyea et Salt Water.

Rozpoczęli podróż powrotną w kierunku Dyea i Salt Water.

Perrault portait des dépêches encore plus urgentes qu'auparavant.

Perrault wysyłał meldunki jeszcze pilniejsze niż wcześniej.

Il était également saisi par la fierté du sentier et avait pour objectif d'établir un record.

On również był przejęty dumą ze szlaku i miał zamiar pobić rekord.

Cette fois, plusieurs avantages étaient du côté de Perrault.

Tym razem Perrault miał kilka przewag.

Les chiens s'étaient reposés pendant une semaine entière et avaient repris des forces.

Psy odpoczywały przez cały tydzień i odzyskały siły.

Le sentier qu'ils avaient ouvert était maintenant damé par d'autres.

Szlak, który przetarli, został teraz utwardzony przez innych.

À certains endroits, la police avait stocké de la nourriture pour les chiens et les hommes.

W niektórych miejscach policja gromadziła żywność dla psów i mężczyzn.

Perrault voyageait léger, se déplaçait rapidement et n'avait pas grand-chose pour l'alourdir.

Perrault podróżował lekko, poruszał się szybko i nie obciążał się niczym.

Ils ont atteint Sixty-Mile, une course de cinquante milles, dès la première nuit.

Pierwszej nocy dotarli do Sixty-Mile, biegu na dystansie pięćdziesięciu mil.

Le deuxième jour, ils se sont précipités sur le Yukon en direction de Pelly.

Drugiego dnia ruszyli w górę Jukonu w kierunku Pelly.

Mais ces beaux progrès ont été accompagnés de beaucoup de difficultés pour François.

Ale takie duże postępy wiązały się dla François z dużym wysiłkiem.

La rébellion silencieuse de Buck avait brisé la discipline de l'équipe.

Cichy bunt Bucka zniszczył dyscyplinę w drużynie.

Ils ne se rassemblaient plus comme une seule bête dans les rênes.

Już nie trzymali się razem jak jedno zwierzę w lejcach.

Buck avait conduit d'autres personnes à la défiance par son exemple audacieux.

Buck swoim odważnym przykładem zmusił innych do buntu.

L'ordre de Spitz n'a plus été accueilli avec crainte ou respect.

Rozkaz Spitza nie spotykał się już ze strachem ani szacunkiem.

Les autres ont perdu leur respect pour lui et ont osé résister à son règne.

Pozostali stracili dla niego szacunek i odważyli się sprzeciwić jego rządom.

Une nuit, Pike a volé la moitié d'un poisson et l'a mangé sous les yeux de Buck.

Pewnej nocy Pike ukradł połowę ryby i zjadł ją na oczach Bucka.

Une autre nuit, Dub et Joe se sont battus contre Spitz et sont restés impunis.

Pewnej nocy Dub i Joe walczyli ze Spitzem i pozostali bezkarni.

Même Billee gémissait moins doucement et montrait une nouvelle vivacité.

Nawet Billee jęczał mniej słodko i okazywał nową ostrość.

Buck grognait sur Spitz à chaque fois qu'ils se croisaient.

Buck warczał na Spitza za każdym razem, gdy mijali się na swojej drodze.

L'attitude de Buck devint audacieuse et menaçante, presque comme celle d'un tyran.

Postawa Bucka stała się śmiała i groźna, niemal jak u łobuza.

Il marchait devant Spitz avec une démarche assurée, pleine de menace moqueuse.

Kroczył przed Spitzem pewnym krokiem, pełnym szyderczej groźby.

Cet effondrement de l'ordre s'est également propagé parmi les chiens de traîneau.

Ten upadek porządku rozprzestrzenił się także wśród psów zaprzęgowych.

Ils se battaient et se disputaient plus que jamais, remplissant le camp de bruit.

Kłócili się i kłócili bardziej niż kiedykolwiek, wypełniając obóz hałasem.

La vie au camp se transformait chaque nuit en un chaos sauvage et hurlant.

Życie obozowe przeradzało się każdej nocy w dziki, wyjący chaos.

Seuls Dave et Solleks sont restés stables et concentrés.

Tylko Dave i Solleks pozostali opanowani i skoncentrowani.

Mais même eux sont devenus colériques à cause des bagarres incessantes.

Ale nawet oni stali się nerwowi z powodu ciągłych bójek.

François jurait dans des langues étranges et piétinait de frustration.

François przeklinał w dziwnych językach i tupał z frustracji.

Il s'arrachait les cheveux et criait tandis que la neige volait sous ses pieds.

Rwał się za włosy i krzyczał, podczas gdy pod nogami fruwał śnieg.

Son fouet claqua sur le groupe, mais parvint à peine à les maintenir en ligne.

Jego bat przecinał sforę, ale ledwo utrzymywał ją w ryzach.

Chaque fois qu'il tournait le dos, les combats reprenaient.

Za każdym razem, gdy odwracał się, bójka wybuchała na nowo.

François a utilisé le fouet pour Spitz, tandis que Buck a dirigé les rebelles.

François użył bata wobec Spitza, podczas gdy Buck poprowadził rebeliantów.

Chacun connaissait le rôle de l'autre, mais Buck évitait tout blâme.

Każdy z nich znał rolę drugiego, ale Buck unikał obarczania się winą.

François n'a jamais surpris Buck en train de provoquer une bagarre ou de se dérober à son travail.

François nigdy nie przyłapał Bucka na wszczynaniu bójek lub uchylaniu się od pracy.

Buck travaillait dur sous le harnais – le travail lui faisait désormais vibrer l'esprit.

Buck ciężko pracował — teraz trud ten napełniał jego ducha radością.

Mais il trouvait encore plus de joie à provoquer des bagarres et du chaos dans le camp.

Ale jeszcze większą radość odnajdywał w wywoływaniu bójek i sianiu chaosu w obozie.

Un soir, à l'embouchure du Tahkeena, Dub fit sursauter un lapin.

Pewnego wieczoru, będąc u ujścia Tahkeeny, Dub wystraszył królika.

Il a raté la prise et le lièvre d'Amérique s'est enfui.

Nie udało mu się złapać królika, a ten odskoczył.

En quelques secondes, toute l'équipe de traîneau s'est lancée à sa poursuite en poussant des cris sauvages.

W ciągu kilku sekund cały zespół zaprzęgów rzucił się w pogoń, wydając dzikie okrzyki.

À proximité, un camp de la police du Nord-Ouest abritait une cinquantaine de chiens huskys.

Niedaleko znajdował się obóz policji Northwest, w którym stacjonowało pięćdziesiąt psów rasy husky.

Ils se sont joints à la chasse, descendant ensemble la rivière gelée.

Dołączyli do polowania, wspólnie spływając w dół zamarzniętej rzeki.

Le lapin a quitté la rivière et s'est enfui dans le lit d'un ruisseau gelé.

Królik uciekł z rzeki i pobiegł w górę zamarzniętego koryta potoku.

Le lapin sautait légèrement sur la neige tandis que les chiens peinaient à se frayer un chemin.

Królik lekko przeskakiwał po śniegu, podczas gdy psy z trudem przedzierały się przez niego.

Buck menait l'énorme meute de soixante chiens dans chaque virage sinueux.

Buck prowadził ogromną sforę składającą się z sześćdziesięciu psów po każdym zakręcie.

Il avança, bas et impatient, mais ne put gagner du terrain.

Parł naprzód, nisko i chętnie, lecz nie mógł zyskać przewagi.

Son corps brillait sous la lune pâle à chaque saut puissant.

Jego ciało migotało w blasku bladego księżyca przy każdym potężnym skoku.

Devant, le lapin se déplaçait comme un fantôme, silencieux et trop rapide pour être attrapé.

Królik poruszał się przed nami jak duch, bezgłośnie i zbyt szybko, by go złapać.

Tous ces vieux instincts – la faim, le frisson – envahirent Buck.

Wszystkie te stare instynkty – głód i dreszczyk emocji – ogarnęły Bucka.

Les humains ressentent parfois cet instinct et sont poussés à chasser avec une arme à feu et des balles.

Ludzie czasami odczuwają ten instynkt, zmuszając się do polowania z bronią i kulami.

Mais Buck ressentait ce sentiment à un niveau plus profond et plus personnel.

Ale Buck odczuwał to uczucie na głębszym i bardziej osobistym poziomie.

Ils ne pouvaient pas ressentir la nature sauvage dans leur sang comme Buck pouvait la ressentir.

Nie czuli dzikości we krwi w taki sposób, w jaki czuł ją Buck.

Il chassait la viande vivante, prêt à tuer avec ses dents et à goûter le sang.

Gonił za żywym mięsem, gotowy zabić zębami i poczuć smak krwi.

Son corps se tendait de joie, voulant se baigner dans la vie rouge et chaude.

Jego ciało napinało się z radości, pragnąc wykąpać się w ciepłym, czerwonym życiu.

Une joie étrange marque le point le plus élevé que la vie puisse atteindre.

Dziwna radość oznacza najwyższy punkt, jaki życie może osiągnąć.

La sensation d'un pic où les vivants oublient même qu'ils sont en vie.

Uczucie szczytu, w którym żywi zapominają, że w ogóle żyją.

Cette joie profonde touche l'artiste perdu dans une inspiration fulgurante.

Ta głęboka radość dotyka artystę, który gubi się w płonącym natchnieniu.

Cette joie saisit le soldat qui se bat avec acharnement et n'épargne aucun ennemi.

Ta radość ogarnia żołnierza, który walczy zaciekle i nie oszczędza żadnego wroga.

Cette joie s'empara alors de Buck alors qu'il menait la meute dans une faim primitive.

Ta radość ogarnęła teraz Bucka, który przewodził stadu w pierwotnym głodzie.

Il hurla avec le cri ancien du loup, ravi par la chasse vivante.

Wył starożytnym wilczym głosem, podekscytowany żywą pogonią.

Buck a puisé dans la partie la plus ancienne de lui-même, perdue dans la nature.

Buck dotarł do najstarszej części swojej istoty, zagubionej na wolności.

Il a puisé au plus profond de lui-même, au-delà de la mémoire, dans le temps brut et ancien.

Sięgnął głęboko w głąb przeszłości, do przeszłości pamięci, do surowego, starożytnego czasu.

Une vague de vie pure a traversé chaque muscle et chaque tendon.

Fala czystego życia przepłynęła przez każdy mięsień i ścięgno.

Chaque saut criait qu'il vivait, qu'il traversait la mort.

Każdy jego skok dawał znać, że żyje, że przeszedł przez śmierć.

Son corps s'élevait joyeusement au-dessus d'une terre calme et froide qui ne bougeait jamais.

Jego ciało radośnie szybowało nad nieruchomą, zimną ziemią, która się nie poruszała.

Spitz est resté froid et rusé, même dans ses moments les plus fous.

Spitz pozostał zimny i przebiegły nawet w najbardziej szalonych momentach.

Il quitta le sentier et traversa un terrain où le ruisseau formait une large courbe.

Opuścił szlak i przeszedł przez ląd, w miejscu, gdzie strumień zakręcał szeroko.

Buck, inconscient de cela, resta sur le chemin sinueux du lapin.

Buck, nieświadomy tego, pozostał na krętej ścieżce królika.

Puis, alors que Buck tournait un virage, le lapin fantomatique était devant lui.

Gdy Buck minął zakręt, zobaczył przed sobą ducha królika.

Il vit une deuxième silhouette sauter de la berge devant la proie.

Zobaczył drugą postać wyskakującą z brzegu przed ofiarą.

La silhouette était celle d'un Spitz, atterrissant juste sur le chemin du lapin en fuite.

Ta postać to Spitz, który wylądował dokładnie na drodze uciekającego królika.

Le lapin ne pouvait pas se retourner et a rencontré les mâchoires de Spitz en plein vol.

Królik nie mógł się odwrócić i w locie spotkał szczęki Spitz'a.

La colonne vertébrale du lapin se brisa avec un cri aussi aigu que le cri d'un humain mourant.

Kręgosłup królika złamał się z krzykiem tak ostrym, jak krzyk umierającego człowieka.

À ce bruit – la chute de la vie à la mort – la meute hurla fort.

Na ten dźwięk – upadek z życia na śmierć – stado zawyło głośno.

Un chœur sauvage s'éleva derrière Buck, plein de joie sombre.

Za Buckiem rozległ się dziki chóralny okrzyk, pełen mrocznej radości.

Buck n'a émis aucun cri, aucun son, et a chargé directement Spitz.

Buck nie krzyknął, nie wydał żadnego dźwięku i rzucił się prosto na Spitza.

Il a visé la gorge, mais a touché l'épaule à la place.

Celował w gardło, ale trafił w ramię.

Ils dégringolèrent dans la neige molle, leurs corps bloqués dans le combat.

Przetaczali się przez miękki śnieg; ich ciała zwarte były w walce.

Spitz se releva rapidement, comme s'il n'avait jamais été renversé.

Spitz podskoczył błyskawicznie, jakby w ogóle nie został powalony.

Il a entaillé l'épaule de Buck, puis s'est éloigné du combat.

Rozciął ramię Bucka, po czym odskoczył od walczącego.

À deux reprises, ses dents claquèrent comme des pièges en acier, ses lèvres se retroussèrent et devinrent féroces.

Dwa razy jego zęby trzasnęły niczym stalowe pułapki, usta wykrzywiły się i zacięły.

Il recula lentement, cherchant un sol ferme sous ses pieds.

Powoli się wycofał, szukając pewnego gruntu pod nogami.

Buck a compris le moment instantanément et pleinement.

Buck natychmiast i w pełni zrozumiał moment.

Le moment était venu ; le combat allait être un combat à mort.

Nadszedł czas. Walka miała być walką na śmierć i życie.

Les deux chiens tournaient en rond, grognant, les oreilles plates, les yeux plissés.

Dwa psy krążyły, warcząc, z położonymi po sobie uszami i przymrużonymi oczami.

Chaque chien attendait que l'autre montre une faiblesse ou fasse un faux pas.

Każdy pies czekał, aż drugi okaże słabość lub popełni błąd.

Pour Buck, la scène semblait étrangement connue et profondément ancrée dans ses souvenirs.

Dla Bucka scena ta wydała się dziwnie znajoma i głęboko zapamiętana.

Les bois blancs, la terre froide, la bataille au clair de lune.

Białe lasy, zimna ziemia, bitwa w blasku księżyca.

Un silence pesant emplissait le pays, profond et contre nature.

Ciężka cisza wypełniła ziemię, głęboka i nienaturalna.

Aucun vent ne soufflait, aucune feuille ne bougeait, aucun bruit ne brisait le silence.

Żaden wiatr nie poruszył się, żaden liść nie poruszył się, żaden dźwięk nie zakłócił ciszy.

Le souffle des chiens s'élevait comme de la fumée dans l'air glacial et calme.

Oddechy psów unosiły się niczym dym w mroźnym, cichym powietrzu.

Le lapin a été depuis longtemps oublié par la meute de bêtes sauvages.

Stado dzikich zwierząt dawno zapomniało o króliku.

Ces loups à moitié apprivoisés se tenaient maintenant immobiles dans un large cercle.

Te na wpół oswojone wilki stały teraz nieruchomo w szerokim kręgu.

Ils étaient silencieux, seuls leurs yeux brillants révélaient leur faim.

Byli cicho, tylko ich świecące oczy zdradzały ich głód.

Leur souffle s'éleva, regardant le combat final commencer.

Ich oddech unosił się w górę, gdy obserwowali początek ostatecznej walki.

Pour Buck, cette bataille était ancienne et attendue, pas du tout étrange.

Dla Bucka ta bitwa była czymś starym i oczekiwanym, wcale nie dziwnym.

C'était comme un souvenir de quelque chose qui devait arriver depuis toujours.

Miałem wrażenie, że to wspomnienie czegoś, co zawsze miało się wydarzyć.

Le Spitz était un chien de combat entraîné, affiné par d'innombrables bagarres sauvages.

Spitz był wyszkolonym psem bojowym, wyćwiczonym w niezliczonych dzikich bójkach.

Du Spitzberg au Canada, il a vaincu de nombreux ennemis.

Od Spitsbergenu po Kanadę pokonał wielu wrogów.

Il était rempli de fureur, mais n'a jamais cédé au contrôle de la rage.

Był pełen wściekłości, lecz nigdy nie potrafił nad nią zapanować.

Sa passion était vive, mais toujours tempérée par un instinct dur.

Jego namiętność była wielka, ale zawsze łagodzona twardym instynktem.

Il n'a jamais attaqué jusqu'à ce que sa propre défense soit en place.

Nigdy nie atakował, dopóki nie był gotowy do obrony.

Buck a essayé encore et encore d'atteindre le cou vulnérable de Spitz.

Buck wielokrotnie próbował dosięgnąć wrażliwej szyi Spitza.

Mais chaque coup était accueilli par un coup des dents acérées de Spitz.

Jednak każdy cios spotykał się z cięciem ostrych zębów Spitza.

Leurs crocs se sont heurtés et les deux chiens ont saigné de leurs lèvres déchirées.

Ich kły zderzyły się, a oba psy krwawiły z rozciętych warg.

Peu importe comment Buck s'est lancé, il n'a pas pu briser la défense.

Bez względu na to, jak bardzo Buck się rzucił, nie był w stanie przełamać obrony.

Il devint de plus en plus furieux, se précipitant avec des explosions de puissance sauvages.

Wpadał w coraz większą wściekłość, rzucił się na niego z dzikimi wybuchami mocy.

À maintes reprises, Buck frappait la gorge blanche du Spitz.

Buck raz po raz atakował białe gardło Spitza.

À chaque fois, Spitz esquivait et riposta avec une morsure tranchante.

Za każdym razem Spitz unikał ciosów i odpowiadał tnącym ugryzieniem.

Buck changea alors de tactique, se précipitant à nouveau comme pour atteindre la gorge.

Wtedy Buck zmienił taktykę, znów rzucając się do gardła.

Mais il s'est retiré au milieu de l'attaque, se tournant pour frapper sur le côté.

Jednak w połowie ataku cofnął się i wykonał ruch, by uderzyć z boku.

Il a lancé son épaule sur Spitz, dans le but de le faire tomber.

Uderzył Spitz'a ramieniem, chcąc go powalić.

À chaque fois qu'il essayait, Spitz esquivait et ripostait avec une frappe.

Za każdym razem gdy próbował, Spitz unikał ciosów i odpowiadał cięciem.

L'épaule de Buck était à vif alors que Spitz s'écartait après chaque coup.

Ramię Bucka stawało się coraz bardziej obolałe, gdy Spitz wyskakiwał po każdym ciosie.

Spitz n'avait pas été touché, tandis que Buck saignait de nombreuses blessures.

Spitz nie został tknięty, natomiast Buck krwawił z wielu ran.

La respiration de Buck était rapide et lourde, son corps était couvert de sang.

Oddech Bucka stał się szybki i ciężki, jego ciało było śliskie od krwi.

Le combat devenait plus brutal à chaque morsure et à chaque charge.

Walka stawała się coraz brutalniejsza z każdym ugryzieniem i szarżą.

Autour d'eux, soixante chiens silencieux attendaient le premier à tomber.

Wokół nich sześćdziesiąt milczących psów czekało, aż pierwszy padnie.

Si un chien tombait, la meute allait mettre fin au combat.

Gdyby jeden pies odpadł, cała wataha zakończyłaby walkę.

Spitz vit Buck faiblir et commença à attaquer.

Spitz zauważył, że Buck słabnie i zaczął kontynuować atak.

Il a maintenu Buck en déséquilibre, le forçant à lutter pour garder pied.

Zmusił Bucka do utraty równowagi, zmuszając go do walki o utrzymanie równowagi.

Un jour, Buck trébucha et tomba, et tous les chiens se relevèrent.

Pewnego razu Buck potknął się i upadł, a wszystkie psy natychmiast się podniosły.

Mais Buck s'est redressé au milieu de sa chute, et tout le monde s'est affalé.

Jednak Buck odzyskał równowagę w połowie upadku i wszyscy opadli z powrotem na ziemię.

Buck avait quelque chose de rare : une imagination née d'un instinct profond.

Buck miał coś rzadkiego — wyobraźnię zrodzoną z głębokiego instynktu.

Il combattait par instinct naturel, mais aussi par ruse.

Walczył kierując się naturalnym popędem, ale potrafił też walczyć przebiegle.

Il chargea à nouveau comme s'il répétait son tour d'attaque à l'épaule.

Ponownie rzucił się do ataku, jakby powtarzając sztuczkę z atakiem ramieniem.

Mais à la dernière seconde, il s'est laissé tomber et a balayé Spitz.

Jednak w ostatniej chwili zanurkował nisko i przeleciał pod Spitzem.

Ses dents se sont bloquées sur la patte avant gauche de Spitz avec un claquement.

Jego zęby zacisnęły się na przedniej lewej nodze Spitz'a z trzaskiem.

Spitz était maintenant instable, son poids reposant sur seulement trois pattes.

Spitz stał teraz niepewnie, opierając ciężar ciała jedynie na trzech nogach.

Buck frappa à nouveau, essaya trois fois de le faire tomber.

Buck zaatakował ponownie, trzykrotnie próbował go powalić.

À la quatrième tentative, il a utilisé le même mouvement avec succès.

Za czwartym razem zastosował ten sam ruch i odniósł sukces

Cette fois, Buck a réussi à mordre la jambe droite du Spitz.

Tym razem Buckowi udało się ugryźć prawą nogę Spitz'a.

Spitz, bien que paralysé et souffrant, continuait à lutter pour survivre.

Spitz, mimo że był kaleki i cierpiał, nadal walczył o przetrwanie.

Il vit le cercle de huskies se resserrer, la langue tirée, les yeux brillants.

Widział, jak krąg husky zacieśnia się, wysuwa języki i świeci oczami.

Ils attendaient de le dévorer, comme ils l'avaient fait pour les autres.

Czekali tylko, żeby go pożreć, tak jak robili to z innymi.

Cette fois, il se tenait au centre, vaincu et condamné.

Tym razem stanął w centrum; pokonany i skazany na zagładę.

Le chien blanc n'avait désormais plus aucune possibilité de s'échapper.

Biały pies nie miał już możliwości ucieczki.

Buck n'a montré aucune pitié, car la pitié n'avait pas sa place dans la nature.

Buck nie okazywał litości, gdyż na wolności litość nie była czymś powszechnym.

Buck se déplaçait prudemment, se préparant à la charge finale.

Buck poruszał się ostrożnie, przygotowując się do ostatecznego ataku.

Le cercle des huskies se referma ; il sentit leur souffle chaud.

Krąg husky'ego zamknął się; poczuł ich ciepły oddech.

Ils s'accroupirent, prêts à bondir lorsque le moment viendrait.

Przycupnęli nisko, gotowi do skoku, gdy nadejdzie odpowiedni moment.

Spitz tremblait dans la neige, grognant et changeant de position.

Spitz zadrżał na śniegu, warcząc i zmieniając pozycję.

Ses yeux brillaient, ses lèvres se courbaient, ses dents brillaient dans une menace désespérée.

Jego oczy błyszczały, usta się wykrzywiały, a zęby błyskały w desperackim geście groźby.

Il tituba, essayant toujours de résister à la morsure froide de la mort.

Zatoczył się, wciąż próbując odeprzeć zimne ukąszenie śmierci.

Il avait déjà vu cela auparavant, mais toujours du côté des gagnants.

Widział to już wcześniej, ale zawsze z perspektywy zwycięskiej strony.

Il était désormais du côté des perdants, des vaincus, de la proie, de la mort.

Teraz był po przegranej stronie; pokonany; zdobycz; śmierć.

Buck tourna en rond pour porter le coup final, le cercle de chiens se rapprochant.

Buck krążył, czekając na ostateczny cios, a krąg psów zaciskał się coraz bardziej.

Il pouvait sentir leur souffle chaud, prêt à tuer.

Czuł ich gorące oddechy; gotowi do zabicia.

Un silence s'installa ; tout était à sa place ; le temps s'était arrêté.

Zapadła cisza, wszystko było na swoim miejscu, czas się zatrzymał.

Même l'air froid entre eux se figea un dernier instant.

Nawet zimne powietrze między nimi zamarzło na jedną, ostatnią chwilę.

Seul Spitz bougea, essayant de retenir sa fin amère.

Tylko Spitz się poruszył, próbując uniknąć gorzkiego końca.

Le cercle des chiens se refermait autour de lui, comme l'était son destin.

Krąg psów zaciskał się wokół niego, tak jak zamykało się jego przeznaczenie.

Il était désespéré maintenant, sachant ce qui allait se passer.

Teraz był zdesperowany, wiedząc, co się wydarzy.

Buck bondit, épaule contre épaule une dernière fois.

Buck skoczył do przodu i po raz ostatni zderzył się ramieniem.

Les chiens se sont précipités en avant, couvrant Spitz dans l'obscurité neigeuse.

Psy rzuciły się do przodu, osłaniając Spitz w śnieżnej ciemności.

Buck regardait, debout, le vainqueur dans un monde sauvage.

Buck obserwował, stojąc wysoko; zwycięzca w dzikim świecie.

La bête primordiale dominante avait fait sa proie, et c'était bien.

Dominująca pierwotna bestia dokonała swego zabójstwa i było to dobre.

Celui qui a gagné la maîtrise
Ten, który osiągnął mistrzostwo

« Hein ? Qu'est-ce que j'ai dit ? Je dis vrai quand je dis que Buck est un démon. »

„Eh? Co powiedziałem? Mówię prawdę, kiedy mówię, że Buck jest diabłem."

François a dit cela le lendemain matin après avoir constaté la disparition de Spitz.

François powiedział to następnego ranka po odkryciu zaginięcia Spitza.

Buck se tenait là, couvert de blessures dues au combat acharné.

Buck stał tam, pokryty ranami odniesionymi w okrutnej walce.

François tira Buck près du feu et lui montra les blessures.

François pociągnął Bucka w stronę ognia i wskazał na obrażenia.

« Ce Spitz s'est battu comme le Devik », dit Perrault en observant les profondes entailles.

„Ten Spitz walczył jak Devik" – powiedział Perrault, przyglądając się głębokim ranom.

« Et ce Buck s'est battu comme deux diables », répondit aussitôt François.

„A ten Buck walczył jak dwa diabły" – odpowiedział natychmiast François.

« Maintenant, nous allons faire du bon temps ; plus de Spitz, plus de problèmes. »

„Teraz będziemy mieć dobry czas; nie będzie już Spitzów, nie będzie kłopotów."

Perrault préparait le matériel et chargeait le traîneau avec soin.

Perrault spakował sprzęt i starannie załadował sanie.

François a attelé les chiens en prévision de la course du jour.

François zaprzęgał psy, przygotowując je do biegu.

Buck a trotté directement vers la position de tête autrefois détenue par Spitz.

Buck pobiegł prosto na pozycję prowadzącą, którą wcześniej zajmował Spitz.

Mais François, sans s'en apercevoir, conduisit Solleks vers l'avant.

Ale François, nie zauważając tego, poprowadził Solleksa na przód.

Aux yeux de François, Solleks était désormais le meilleur chien de tête.

Zdaniem François, Solleks był teraz najlepszym psem prowadzącym.

Buck se jeta sur Solleks avec fureur et le repoussa en signe de protestation.

Buck rzucił się na Solleksa ze złości i na znak protestu odepchnął go.

Il se tenait là où Spitz s'était autrefois tenu, revendiquant la position de leader.

Stał tam, gdzie kiedyś stał Spitz, i domagał się pozycji lidera.

« Hein ? Hein ? » s'écria François en se frappant les cuisses d'un air amusé.

„Co? Co?" krzyknął François, uderzając się z rozbawieniem w uda.

« Regardez Buck, il a tué Spitz, et maintenant il veut prendre le poste ! »

„Spójrz na Bucka – zabił Spitza, teraz chce wziąć na siebie tę robotę!"

« Va-t'en, Chook ! » cria-t-il, essayant de chasser Buck.

„Odejdź, Chook!" – krzyknął, próbując odgonić Bucka.

Mais Buck refusa de bouger et resta ferme dans la neige.

Jednak Buck nie chciał się ruszyć i stał twardo na śniegu.

François attrapa Buck par la peau du cou et le tira sur le côté.

François złapał Bucka za kark i odciągnął go na bok.

Buck grogna bas et menaçant mais n'attaqua pas.

Buck warknął nisko i groźnie, ale nie zaatakował.

François a remis Solleks en tête, tentant de régler le différend

François ponownie dał Solleksowi prowadzenie, próbując rozstrzygnąć spór

Le vieux chien avait peur de Buck et ne voulait pas rester.
Stary pies bał się Bucka i nie chciał zostać.

Quand François lui tourna le dos, Buck chassa à nouveau Solleks.
Kiedy François odwrócił się, Buck ponownie wyrzucił Solleksa.

Solleks n'a pas résisté et s'est discrètement écarté une fois de plus.
Solleks nie stawiał oporu i po raz kolejny cicho odsunął się na bok.

François s'est mis en colère et a crié : « Par Dieu, je te répare ! »
François wpadł w złość i krzyknął: „Na Boga, już cię naprawiłem!"

Il s'approcha de Buck en tenant une lourde massue à la main.
Podszedł do Bucka trzymając w ręku ciężki kij.

Buck se souvenait bien de l'homme au pull rouge.
Buck dobrze pamiętał mężczyznę w czerwonym swetrze.

Il recula lentement, observant François, mais grognant profondément.
Wycofał się powoli, patrząc na François i warcząc głośno.

Il ne s'est pas précipité en arrière, même lorsque Solleks s'est levé à sa place.
Nie spieszył się z powrotem, nawet gdy Solleks stanął na jego miejscu.

Buck tourna en rond juste hors de portée, grognant de fureur et de protestation.
Buck krążył tuż poza zasięgiem, warcząc z wściekłości i protestu.

Il gardait les yeux fixés sur le club, prêt à esquiver si François lançait.
Nie spuszczał wzroku z kija, gotowy uchylić się od niego, gdyby François rzucił.

Il était devenu sage et prudent quant aux manières des hommes armés.
Stał się mądry i ostrożny w postępowaniu ludzi z bronią.

François abandonna et rappela Buck à son ancienne place.
François się poddał i ponownie zaprosił Bucka do jego
dawnego miejsca.
Mais Buck recula prudemment, refusant d'obéir à l'ordre.
Jednak Buck ostrożnie się cofnął i odmówił wykonania
rozkazu.
**François le suivit, mais Buck ne recula que de quelques pas
supplémentaires.**
François poszedł za nim, ale Buck cofnął się tylko o kilka
kroków.
Après un certain temps, François jeta l'arme par frustration.
Po chwili François ze złości rzucił broń.
**Il pensait que Buck craignait d'être battu et qu'il allait venir
tranquillement.**
Myślał, że Buck boi się bicia i przyjdzie cicho.
**Mais Buck n'évitait pas la punition : il se battait pour son
rang.**
Ale Buck nie unikał kary – walczył o rangę.
**Il avait gagné la place de chien de tête grâce à un combat à
mort.**
Zdobył pozycję psa prowadzącego dzięki walce na śmierć i
życie
il n'allait pas se contenter de moins que d'être le leader.
nie zamierzał zadowolić się niczym innym niż rolą
przywódcy.

**Perrault a participé à la poursuite pour aider à attraper le
Buck rebelle.**
Perrault wziął udział w pościgu, aby pomóc złapać
zbuntowanego Bucka.
**Ensemble, ils l'ont fait courir dans le camp pendant près
d'une heure.**
Razem oprowadzali go po obozie przez prawie godzinę.
**Ils lui lancèrent des coups de massue, mais Buck les esquiva
habilement.**
Rzucali w niego pałkami, ale Buck zręcznie unikał ciosów.

Ils l'ont maudit, lui, ses ancêtres, ses descendants et chaque cheveu de sa personne.

Przeklinali jego, jego przodków, jego potomków i każdy jego włos.

Mais Buck se contenta de gronder en retour et resta hors de leur portée.

Ale Buck tylko warknął w odpowiedzi i pozostał poza ich zasięgiem.

Il n'a jamais essayé de s'enfuir mais a délibérément tourné autour du camp.

Nigdy nie próbował uciekać, ale celowo krążył wokół obozu.

Il a clairement fait savoir qu'il obéirait une fois qu'ils lui auraient donné ce qu'il voulait.

Dał jasno do zrozumienia, że posłucha, gdy tylko dadzą mu to, czego chce.

François s'est finalement assis et s'est gratté la tête avec frustration.

François w końcu usiadł i z frustracją podrapał się po głowie.

Perrault consulta sa montre, jura et marmonna à propos du temps perdu.

Perrault spojrzał na zegarek, zaklął i mruknął coś o utraconym czasie.

Une heure s'était déjà écoulée alors qu'ils auraient dû être sur la piste.

Minęła już godzina, a powinni już być na szlaku.

François haussa les épaules d'un air penaud en direction du coursier, qui soupira de défaite.

François zawstydzony wzruszył ramionami i spojrzał na kuriera, który westchnął z rezygnacją.

François se dirigea alors vers Solleks et appela Buck une fois de plus.

Następnie François podszedł do Solleksa i ponownie zawołał Bucka.

Buck rit comme rit un chien, mais garda une distance prudente.

Buck śmiał się jak pies, lecz zachował ostrożny dystans.

François retira le harnais de Solleks et le remit à sa place.

François zdjął uprząż Solleksowi i odprowadził go na jego miejsce.

L'équipe de traîneau était entièrement harnachée, avec seulement une place libre.

Zespół saneczkowy był w pełni wyposażony, a tylko jedno miejsce było wolne.

La position de tête est restée vide, clairement destinée à Buck seul.

Pozycja lidera pozostała pusta, najwyraźniej przeznaczona tylko dla Bucka.

François appela à nouveau, et à nouveau Buck rit et tint bon.

François zawołał ponownie i Buck znów się roześmiał i pozostał na swoim miejscu.

« Jetez le club », ordonna Perrault sans hésitation.

„Rzuć maczugę" – rozkazał Perrault bez wahania.

François obéit et Buck trotta immédiatement en avant, fièrement.

François posłuchał, a Buck natychmiast dumnie ruszył naprzód.

Il rit triomphalement et prit la tête.

Roześmiał się triumfalnie i wysunął się na prowadzenie.

François a sécurisé ses traces et le traîneau a été détaché.

François zabezpieczył swoje liny i sanie uwolniły się.

Les deux hommes couraient côte à côte tandis que l'équipe s'engageait sur le sentier de la rivière.

Obaj mężczyźni biegli obok drużyny wbiegającej na szlak wzdłuż rzeki.

François avait une haute opinion des « deux diables » de Buck,

François miał wysokie mniemanie o „dwóch diabłach" Bucka,

mais il s'est vite rendu compte qu'il avait en fait sous-estimé le chien.

ale wkrótce zdał sobie sprawę, że tak naprawdę niedocenił psa.

Buck a rapidement pris le leadership et a fait preuve d'excellence.

Buck szybko objął przywództwo i wykazał się doskonałością.

En termes de jugement, de réflexion rapide et d'action, Buck a surpassé Spitz.

Jeśli chodzi o ocenę sytuacji, szybkie myślenie i szybkie działanie, Buck przewyższył Spitza.

François n'avait jamais vu un chien égal à celui que Buck présentait maintenant.

François nigdy nie widział psa o wyglądzie podobnym do tego, jaki prezentował teraz Buck.

Mais Buck excellait vraiment dans l'art de faire respecter l'ordre et d'imposer le respect.

Ale Buck naprawdę potrafił zaprowadzać porządek i budzić szacunek.

Dave et Solleks ont accepté le changement sans inquiétude ni protestation.

Dave i Solleks zaakceptowali zmianę bez obaw czy protestów.

Ils se concentraient uniquement sur le travail et tiraient fort sur les rênes.

Skupiali się tylko na pracy i mocnym pociąganiu za lejce.

Peu leur importait de savoir qui menait, tant que le traîneau continuait d'avancer.

Nie miało dla nich znaczenia, kto prowadzi, dopóki sanie poruszały się.

Billee, la joyeuse, aurait pu diriger pour autant qu'ils s'en soucient.

Billee, ta pogodna, mogłaby przewodzić, jeśli o to im chodziło.

Ce qui comptait pour eux, c'était la paix et l'ordre dans les rangs.

Dla nich liczył się spokój i porządek w szeregach.

Le reste de l'équipe était devenu indiscipliné pendant le déclin de Spitz.

Reszta zespołu stała się niepokorna, gdy Spitz podupadł na zdrowiu.

Ils furent choqués lorsque Buck les ramena immédiatement à l'ordre.

Byli zszokowani, gdy Buck natychmiast przywrócił im porządek.

Pike avait toujours été paresseux et traînait les pieds derrière Buck.

Pike zawsze był leniwy i ociągał się z Buckiem.

Mais maintenant, il a été sévèrement discipliné par la nouvelle direction.

Ale teraz nowe kierownictwo zastosowało wobec niego surową dyscyplinę.

Et il a rapidement appris à faire sa part dans l'équipe.

Szybko nauczył się być ważnym graczem w drużynie.

À la fin de la journée, Pike avait travaillé plus dur que jamais.

Pod koniec dnia Pike pracował ciężej niż kiedykolwiek wcześniej.

Cette nuit-là, au camp, Joe, le chien aigri, fut finalement maîtrisé.

Tej nocy w obozie Joe, ponury pies, został w końcu uspokojony.

Spitz n'avait pas réussi à le discipliner, mais Buck n'avait pas échoué.

Spitz nie zdołał go zdyscyplinować, ale Buck nie zawiódł.

Grâce à son poids plus important, Buck a vaincu Joe en quelques secondes.

Wykorzystując swoją większą wagę, Buck w ciągu kilku sekund przytłoczył Joego.

Il a mordu et battu Joe jusqu'à ce qu'il gémisse et cesse de résister.

Gryzł i bił Joego, aż ten zaskomlał i przestał się opierać.

Toute l'équipe s'est améliorée à partir de ce moment-là.

Od tego momentu cały zespół zrobił krok naprzód.

Les chiens ont retrouvé leur ancienne unité et leur discipline.

Psy odzyskały dawną jedność i dyscyplinę.

À Rink Rapids, deux nouveaux huskies indigènes, Teek et Koona, nous ont rejoint.

W Rink Rapids dołączyły do nich dwa nowe rodzime husky – Teek i Koona.

La rapidité avec laquelle Buck les dressa étonna même François.

Szybkie wyszkolenie Bucka w tej dziedzinie zaskoczyło nawet François.

« Il n'y a jamais eu de chien comme ce Buck ! » s'écria-t-il avec stupéfaction.

„Nigdy nie było takiego psa jak ten Buck!" – krzyknął ze zdumieniem.

« Non, jamais ! Il vaut mille dollars, bon sang ! »

„Nie, nigdy! On jest wart tysiąc dolarów, na Boga!"

« Hein ? Qu'en dis-tu, Perrault ? » demanda-t-il avec fierté.

„Eh? Co ty na to, Perrault?" zapytał z dumą.

Perrault hocha la tête en signe d'accord et vérifia ses notes.

Perrault skinął głową na znak zgody i zajrzał do notatek.

Nous sommes déjà en avance sur le calendrier et gagnons chaque jour davantage.

Już jesteśmy przed harmonogramem i każdego dnia zyskujemy więcej.

Le sentier était dur et lisse, sans neige fraîche.

Szlak był ubity i gładki, bez świeżego śniegu.

Le froid était constant, oscillant autour de cinquante degrés en dessous de zéro.

Panował stały chłód, temperatura wynosiła pięćdziesiąt stopni poniżej zera.

Les hommes montaient et couraient à tour de rôle pour se réchauffer et gagner du temps.

Mężczyźni na zmianę jechali i biegali, aby się ogrzać i zyskać na czasie.

Les chiens couraient vite avec peu d'arrêts, poussant toujours vers l'avant.

Psy biegły szybko, zatrzymując się rzadko i cały czas parły do przodu.

La rivière Thirty Mile était en grande partie gelée et facile à traverser.

Rzeka Thirty Mile była w większości zamarznięta i można było łatwo przepłynąć.

Ils sont sortis en un jour, ce qui leur avait pris dix jours pour venir.

Wyszli w ciągu jednego dnia, podczas gdy dotarcie tam zajęło im dziesięć dni.

Ils ont parcouru une distance de soixante milles du lac Le Barge jusqu'à White Horse.

Przebiegli sześćdziesiąt mil z jeziora Le Barge do White Horse.

À travers les lacs Marsh, Tagish et Bennett, ils se déplaçaient incroyablement vite.

Przez jeziora Marsh, Tagish i Bennett poruszali się niewiarygodnie szybko.

L'homme qui courait était tiré derrière le traîneau par une corde.

Biegnącego mężczyznę ciągnięto za saniami na linie.

La dernière nuit de la deuxième semaine, ils sont arrivés à destination.

Ostatniej nocy drugiego tygodnia dotarli do celu.

Ils avaient atteint ensemble le sommet du col White.

Razem dotarli na szczyt Białej Przełęczy.

Ils sont descendus au niveau de la mer avec les lumières de Skaguay en dessous d'eux.

Zniżyli się do poziomu morza, mając pod sobą światła Skaguay.

Il s'agissait d'une course record à travers des kilomètres de nature froide et sauvage.

To był rekordowy bieg przez wiele kilometrów zimnego pustkowia.

Pendant quatorze jours d'affilée, ils ont parcouru en moyenne quarante miles.

Przez czternaście dni z rzędu pokonywali średnio czterdzieści mil.

À Skaguay, Perrault et François transportaient des marchandises à travers la ville.

W Skaguay Perrault i François przewozili ładunki przez miasto.

Ils ont été acclamés et ont reçu de nombreuses boissons de la part d'une foule admirative.

Zachwycone tłumy entuzjastycznie ich witały i częstowały drinkami.

Les chasseurs de chiens et les ouvriers se sont rassemblés autour du célèbre attelage de chiens.

Pogromcy psów i pracownicy zebrali się wokół słynnego psiego zaprzęgu.

Puis les hors-la-loi de l'Ouest arrivèrent en ville et subirent une violente défaite.

Potem do miasta przybyli bandyci z Dzikiego Zachodu i ponieśli sromotną klęskę.

Les gens ont vite oublié l'équipe et se sont concentrés sur un nouveau drame.

Ludzie szybko zapomnieli o drużynie i skupili się na nowym dramacie.

Puis sont arrivées les nouvelles commandes qui ont tout changé d'un coup.

Potem nadeszły nowe rozkazy, które od razu wszystko zmieniły.

François appela Buck à lui et le serra dans ses bras avec une fierté larmoyante.

François zawołał Bucka do siebie i uściskał go ze łzami w oczach, z dumą.

Ce moment fut la dernière fois que Buck revit François.

To był ostatni raz, kiedy Buck widział François.

Comme beaucoup d'hommes avant eux, François et Perrault étaient tous deux partis.

Podobnie jak wielu mężczyzn przed nimi, François i Perrault odeszli.

Un métis écossais a pris en charge Buck et ses coéquipiers de chiens de traîneau.

Dowódcą Bucka i jego psów zaprzęgowych został szkocki mieszaniec.

Avec une douzaine d'autres équipes de chiens, ils sont retournés par le sentier jusqu'à Dawson.

Wraz z kilkunastoma innymi psimi zaprzęgami wrócili szlakiem do Dawson.

Ce n'était plus une course rapide, juste un travail pénible avec une lourde charge chaque jour.

Teraz nie był to już szybki bieg, lecz ciężka praca z ciężkim ładunkiem każdego dnia.

C'était le train postal qui apportait des nouvelles aux chercheurs d'or près du pôle.

Był to pociąg pocztowy, który przywoził wieści poszukiwaczom złota w pobliżu bieguna.

Buck n'aimait pas le travail mais le supportait bien, étant fier de ses efforts.

Buckowi nie podobała się ta praca, ale dobrze ją znosił, będąc dumnym ze swojego wysiłku.

Comme Dave et Solleks, Buck a fait preuve de dévouement dans chaque tâche quotidienne.

Podobnie jak Dave i Solleks, Buck wykazywał się oddaniem każdemu codziennemu zadaniu.

Il s'est assuré que chacun de ses coéquipiers fasse sa part du travail.

Upewniał się, że każdy z jego kolegów z drużyny wkłada w swoją pracę wystarczająco dużo wysiłku.

La vie sur les sentiers est devenue ennuyeuse, répétée avec la précision d'une machine.

Życie na szlaku stało się nudne, powtarzane z precyzją maszyny.

Chaque jour était le même, un matin se fondant dans le suivant.

Każdy dzień był taki sam, jeden poranek przechodził w kolejny.

À la même heure, les cuisiniers se levèrent pour allumer des feux et préparer la nourriture.

O tej samej porze kucharze wstali, aby rozpalić ogniska i przygotować jedzenie.

Après le petit-déjeuner, certains quittèrent le camp tandis que d'autres attelèrent les chiens.

Po śniadaniu część opuściła obóz, a inni zaprzęgli psy.

Ils ont pris la route avant que le faible avertissement de l'aube ne touche le ciel.

Wyruszyli na szlak zanim jeszcze na niebie pojawił się słaby blask świtu.

La nuit, ils s'arrêtaient pour camper, chaque homme ayant une tâche précise.

Na noc zatrzymali się, aby rozbić obóz, każdy mając przydzielone obowiązki.

Certains ont monté les tentes, d'autres ont coupé du bois de chauffage et ramassé des branches de pin.

Niektórzy rozbijali namioty, inni ścinali drewno na opał i zbierali gałęzie sosnowe.

De l'eau ou de la glace étaient ramenées aux cuisiniers pour le repas du soir.

Wodę lub lód zanoszono kucharzom na wieczorny posiłek.

Les chiens ont été nourris et c'était le meilleur moment de la journée pour eux.

Psy zostały nakarmione i była to dla nich najlepsza część dnia.

Après avoir mangé du poisson, les chiens se sont détendus et se sont allongés près du feu.

Po zjedzeniu ryby psy odpoczywały i wylegiwały się przy ognisku.

Il y avait une centaine d'autres chiens dans le convoi avec lesquels se mêler.

W konwoju znajdowało się jeszcze sto innych psów, z którymi można było się pobawić.

Beaucoup de ces chiens étaient féroces et prompts à se battre sans prévenir.

Wiele z tych psów było agresywnych i rzucało się do walki bez ostrzeżenia.

Mais après trois victoires, Buck a maîtrisé même les combattants les plus féroces.

Ale po trzech zwycięstwach Buck pokonał nawet najzacieklejszych wojowników.

Maintenant, quand Buck grogna et montra ses dents, ils s'écartèrent.

Kiedy Buck warknął i pokazał zęby, odsunęli się na bok.

Mais le plus beau dans tout ça, c'est que Buck aimait s'allonger près du feu de camp vacillant.

A może Buck najbardziej lubił leżeć przy migoczącym
ognisku.

**Il s'accroupit, les pattes arrière repliées et les pattes avant
tendues vers l'avant.**

Przykucnął, podkulając tylne nogi i wyciągając przednie do
przodu.

**Sa tête était levée tandis qu'il cligna doucement des yeux
devant les flammes rougeoyantes.**

Podniósł głowę i lekko mrugnął, patrząc na jaskrawe
płomienie.

**Parfois, il se souvenait de la grande maison du juge Miller à
Santa Clara.**

Czasem przypominał sobie wielki dom sędziego Millera w
Santa Clara.

**Il pensait à la piscine en ciment, à Ysabel et au carlin appelé
Toots.**

Pomyślał o cementowym basenie, o Ysabel i mopsie o imieniu
Toots.

**Mais le plus souvent, il se souvenait du club de l'homme au
pull rouge.**

Ale częściej przypominał sobie o pałce mężczyzny w
czerwonym swetrze.

**Il se souvenait de la mort de Curly et de sa bataille acharnée
contre Spitz.**

Pamiętał śmierć Curly'ego i jego zaciętą walkę ze Spitzem.

**Il se souvenait aussi des bons plats qu'il avait mangés ou
dont il rêvait encore.**

Przypomniał sobie także dobre jedzenie, które jadł i o którym
wciąż śnił.

**Buck n'avait pas le mal du pays : la vallée chaude était
lointaine et irréelle.**

Buck nie tęsknił za domem – ciepła dolina wydawała mu się
odległa i nierealna.

**Les souvenirs de Californie n'avaient plus vraiment
d'influence sur lui.**

Wspomnienia z Kalifornii nie miały już na niego żadnego
wpływu.

Plus forts que la mémoire étaient les instincts profondément ancrés dans sa lignée.

Silniejsze od pamięci były instynkty, zakorzenione głęboko w jego krwi.

Les habitudes autrefois perdues étaient revenues, ravivées par le sentier et la nature sauvage.

Utracone kiedyś nawyki powróciły, przywrócone do życia przez szlak i dzicz.

Tandis que Buck regardait la lumière du feu, cela devenait parfois autre chose.

Kiedy Buck patrzył na blask ognia, czasami stawał się on czymś innym.

Il vit à la lueur du feu un autre feu, plus vieux et plus profond que celui-ci.

W blasku ognia dostrzegł inny ogień, starszy i głębszy od obecnego.

À côté de cet autre feu se tenait accroupi un homme qui ne ressemblait pas au cuisinier métis.

Obok drugiego ogniska kucał mężczyzna, który nie przypominał kucharza-mieszańca.

Cette figurine avait des jambes courtes, de longs bras et des muscles durs et noués.

Ta postać miała krótkie nogi, długie ramiona i twarde, węzłowate mięśnie.

Ses cheveux étaient longs et emmêlés, tombant en arrière à partir des yeux.

Jego włosy były długie i skołtunione, opadające do tyłu od oczu.

Il émit des sons étranges et regarda l'obscurité avec peur.

Wydawał dziwne dźwięki i ze strachem patrzył w ciemność.

Il tenait une massue en pierre basse, fermement serrée dans sa longue main rugueuse.

Trzymał nisko kamienną maczugę, mocno ściskając ją w długiej, szorstkiej dłoni.

L'homme portait peu de vêtements ; juste une peau carbonisée qui pendait dans son dos.

Mężczyzna miał na sobie niewiele; jedynie zwęgloną skórę zwisającą mu na plecach.

Son corps était couvert de poils épais sur les bras, la poitrine et les cuisses.

Jego ciało pokrywała gęsta sierść na ramionach, klatce piersiowej i udach.

Certaines parties des cheveux étaient emmêlées en plaques de fourrure rugueuse.

Niektóre części sierści były splątane i tworzyły kępki szorstkiego futra.

Il ne se tenait pas droit mais penché en avant des hanches jusqu'aux genoux.

Nie stał prosto, lecz pochylił się do przodu od bioder do kolan.

Ses pas étaient élastiques et félins, comme s'il était toujours prêt à bondir.

Jego kroki były sprężyste i kocie, jakby zawsze był gotowy do skoku.

Il y avait une vive vigilance, comme s'il vivait dans une peur constante.

Odczuwał ogromną czujność, jakby żył w ciągłym strachu.

Cet homme ancien semblait s'attendre au danger, que le danger soit perçu ou non.

Wydawało się, że ten starożytny człowiek spodziewał się niebezpieczeństwa, niezależnie od tego, czy zagrożenie było widoczne, czy nie.

Parfois, l'homme poilu dormait près du feu, la tête entre les jambes.

Czasami kudłaty mężczyzna spał przy ogniu, z głową schowaną między nogami.

Ses coudes reposaient sur ses genoux, ses mains jointes au-dessus de sa tête.

Jego łokcie spoczywały na kolanach, a ręce złożone były nad głową.

Comme un chien, il utilisait ses bras velus pour se débarrasser de la pluie qui tombait.

Podobnie jak pies, używał swych owłosionych ramion, by chronić się przed padającym deszczem.

Au-delà de la lumière du feu, Buck vit deux charbons jumeaux briller dans l'obscurité.

Poza blaskiem ognia Buck dostrzegł dwa żarzące się w ciemności węgle.

Toujours deux par deux, ils étaient les yeux des bêtes de proie traquantes.

Zawsze po dwie, były to oczy polujących drapieżników.

Il entendit des corps s'écraser à travers les broussailles et des bruits se faire entendre dans la nuit.

Słyszał, jak ciała przebijają się przez zarośla i jakie dźwięki dochodzą z nocy.

Allongé sur la rive du Yukon, clignant des yeux, Buck rêvait près du feu.

Leżąc na brzegu Jukonu, mrugając oczami, Buck śnił przy ogniu.

Les images et les sons de ce monde sauvage lui faisaient dresser les cheveux sur la tête.

Widoki i odgłosy tego dzikiego świata sprawiły, że włosy stanęły mu dęba.

La fourrure s'élevait le long de son dos, de ses épaules et de son cou.

Futro jeżyło mu się na grzbiecie, ramionach i szyi.

Il gémissait doucement ou émettait un grognement sourd au plus profond de sa poitrine.

Cicho zaskomlał lub wydał z siebie niski pomruk z głębi piersi.

Alors le cuisinier métis cria : « Hé, toi Buck, réveille-toi ! »

Wtedy kucharz-mieszaniec krzyknął: „Hej, ty Buck, obudź się!"

Le monde des rêves a disparu et la vraie vie est revenue aux yeux de Buck.

Świat marzeń rozwiał się, a w oczach Bucka znów pojawiła się rzeczywistość.

Il allait se lever, s'étirer et bâiller, comme s'il venait de se réveiller d'une sieste.

Miał zamiar wstać, przeciągnąć się i ziewnąć, tak jakby obudził się po drzemce.

Le voyage était difficile, avec le traîneau postal qui traînait derrière eux.

Podróż była ciężka, bo za nimi ciągnęły się sanie pocztowe.

Les lourdes charges et le travail pénible épuisaient les chiens à chaque longue journée.

Ciężkie ładunki i ciężka praca wykańczały psy każdego długiego dnia.

Ils arrivèrent à Dawson maigres, fatigués et ayant besoin de plus d'une semaine de repos.

Dotarli do Dawson wychudzeni, zmęczeni i potrzebujący ponad tygodniowego odpoczynku.

Mais seulement deux jours plus tard, ils repartaient sur le Yukon.

Ale już dwa dni później wyruszyli ponownie w dół Jukonu.

Ils étaient chargés de lettres supplémentaires destinées au monde extérieur.

Były załadowane większą ilością listów przeznaczonych na zewnątrz.

Les chiens étaient épuisés et les hommes se plaignaient constamment.

Psy były wyczerpane, a mężczyźni ciągle narzekali.

La neige tombait tous les jours, ramollissant le sentier et ralentissant les traîneaux.

Śnieg padał każdego dnia, zmiękczając szlak i spowalniając sanki.

Cela a rendu la traction plus difficile et a entraîné plus de traînée sur les patins.

To powodowało, że ciągnięcie było trudniejsze, a biegacze stawiali większy opór.

Malgré cela, les pilotes étaient justes et se souciaient de leurs équipes.

Mimo to kierowcy byli uczciwi i dbali o swoje zespoły.

Chaque nuit, les chiens étaient nourris avant que les hommes ne puissent manger.

Każdej nocy psy były karmione zanim mężczyźni zabrali się do jedzenia.

Aucun homme ne dormait avant de vérifier les pattes de son propre chien.

Żaden człowiek nie zasnął, nie sprawdziwszy nóg swojego psa.

Cependant, les chiens s'affaiblissaient à mesure que les kilomètres s'écoulaient sur leur corps.

Jednak psy były coraz słabsze, im więcej przemierzały kilometrów.

Ils avaient parcouru mille huit cents kilomètres pendant l'hiver.

Przebyli tysiąc osiemset mil w ciągu zimy.

Ils ont tiré des traîneaux sur chaque kilomètre de cette distance brutale.

Przemierzali każdy kilometr tego brutalnego dystansu na saniach.

Même les chiens de traîneau les plus robustes ressentent de la tension après tant de kilomètres.

Nawet najwytrzymalsze psy zaprzęgowe odczuwają zmęczenie po przebyciu tylu kilometrów.

Buck a tenu bon, a permis à son équipe de travailler et a maintenu la discipline.

Buck wytrwał, dbał o to, by jego zespół pracował i zachowywał dyscyplinę.

Mais Buck était fatigué, tout comme les autres pendant le long voyage.

Ale Buck był zmęczony, tak jak pozostali uczestnicy długiej podróży.

Billee gémissait et pleurait dans son sommeil chaque nuit sans faute.

Billee każdej nocy bez wyjątku płakał i kwękał przez sen.

Joe devint encore plus amer et Solleks resta froid et distant.

Joe stawał się coraz bardziej zgorzkniały, a Solleks pozostał chłodny i dystansujący się.

Mais c'est Dave qui a le plus souffert de toute l'équipe.

Jednak to Dave cierpiał najbardziej z całego zespołu.

Quelque chose n'allait pas en lui, même si personne ne savait quoi.

Coś w jego wnętrzu poszło nie tak, chociaż nikt nie wiedział co.

Il est devenu de plus en plus maussade et s'en est pris aux autres avec une colère croissante.

Stał się bardziej ponury i krzyczał na innych z rosnącym gniewem.

Chaque nuit, il se rendait directement à son nid, attendant d'être nourri.

Każdej nocy szedł prosto do swojego gniazda, czekając na jedzenie.

Une fois tombé, Dave ne s'est pas relevé avant le matin.

Gdy już znalazł się na dole, Dave nie wstał aż do rana.

Sur les rênes, des secousses ou des sursauts brusques le faisaient crier de douleur.

Gdy był na wodzach, nagłe szarpnięcia lub ruszenia wywoływały u niego krzyk bólu.

Son chauffeur a recherché la cause du sinistre, mais n'a constaté aucune blessure.

Jego kierowca szukał przyczyny, ale nie znalazł u niego żadnych obrażeń.

Tous les conducteurs ont commencé à regarder Dave et ont discuté de son cas.

Wszyscy kierowcy zaczęli obserwować Dave'a i omawiać jego przypadek.

Ils ont discuté pendant les repas et pendant leur dernière cigarette de la journée.

Rozmawiali przy posiłkach i przy ostatnim papierosie tego dnia.

Une nuit, ils ont tenu une réunion et ont amené Dave au feu.

Pewnej nocy zorganizowali zebranie i przyprowadzili Dave'a do ogniska.

Ils pressèrent et sondèrent son corps, et il cria souvent.

Naciskali i badali jego ciało, a on często krzyczał.

De toute évidence, quelque chose n'allait pas, même si aucun os ne semblait cassé.

Było jasne, że coś jest nie tak, chociaż żadna kość nie wyglądała na złamaną.

Au moment où ils atteignirent Cassiar Bar, Dave était en train de tomber.

Gdy dotarli do Cassiar Bar, Dave był już w rozsypce.

Le métis écossais a appelé à la fin et a retiré Dave de l'équipe.

Szkocki mieszaniec przerwał działania i usunął Dave'a z drużyny.

Il a attaché Solleks à la place de Dave, le plus près de l'avant du traîneau.

Zapiął Solleksa na miejscu Dave'a, najbliżej przodu sań.

Il avait l'intention de laisser Dave se reposer et courir librement derrière le traîneau en mouvement.

Zamierzał pozwolić Dave'owi odpocząć i pobiegać swobodnie za jadącymi saniami.

Mais même malade, Dave détestait être privé du travail qu'il avait occupé.

Ale nawet będąc chorym, Dave nie znosił, gdy odebrano mu pracę, którą kiedyś zajmował.

Il grogna et gémit tandis que les rênes étaient retirées de son corps.

Warczał i skomlał, gdy szarpano go za lejce.

Quand il vit Solleks à sa place, il pleura de douleur.

Gdy zobaczył Solleksa na swoim miejscu, rozpłakał się z bólu i rozpaczy.

La fierté du travail sur les sentiers était profonde chez Dave, même à l'approche de la mort.

Dave czuł głęboką dumę z pracy na szlaku, nawet gdy zbliżała się śmierć.

Alors que le traîneau se déplaçait, Dave pataugeait dans la neige molle près du sentier.

Gdy sanki się poruszały, Dave brnął przez miękki śnieg w pobliżu szlaku.

Il a attaqué Solleks, le mordant et le poussant du côté du traîneau.

Zaatakował Solleksa, gryząc go i popychając od strony sań.

Dave a essayé de sauter dans le harnais et de récupérer sa place de travail.

Dave próbował wskoczyć w uprząż i odzyskać swoje miejsce pracy.

Il hurlait, gémissait et pleurait, déchiré entre la douleur et la fierté du travail.

Krzyczał, jęczał i płakał, rozdarty między bólem a dumą z porodu.

Le métis a utilisé son fouet pour essayer de chasser Dave de l'équipe.

Mieszaniec próbował za pomocą bata odgonić Dave'a od drużyny.

Mais Dave ignora le coup de fouet, et l'homme ne put pas le frapper plus fort.

Ale Dave zignorował cios, a mężczyzna nie mógł uderzyć go mocniej.

Dave a refusé le chemin le plus facile derrière le traîneau, où la neige était tassée.

Dave odmówił łatwiejszej drogi za saniami, gdzie śnieg był ubity.

Au lieu de cela, il se débattait dans la neige profonde à côté du sentier, dans la misère.

Zamiast tego, zmagał się z głębokim śniegiem przy szlaku, pogrążony w rozpaczy.

Finalement, Dave s'est effondré, allongé dans la neige et hurlant de douleur.

W końcu Dave upadł, leżał na śniegu i wył z bólu.

Il cria tandis que le long train de traîneaux le dépassait un par un.

Krzyknął, gdy długi sznur sań przejeżdżał obok niego jeden po drugim.

Pourtant, avec ce qu'il lui restait de force, il se leva et trébucha après eux.

Jednak ostatkiem sił podniósł się i powlókł za nimi.

Il l'a rattrapé lorsque le train s'est arrêté à nouveau et a retrouvé son vieux traîneau.

Dogonił go, gdy pociąg znów się zatrzymał i odnalazł swoje stare sanki.

Il a dépassé les autres équipes et s'est retrouvé à nouveau aux côtés de Solleks.

Prześlizgnął się obok pozostałych drużyn i ponownie stanął obok Solleksa.

Alors que le conducteur s'arrêtait pour allumer sa pipe, Dave saisit sa dernière chance.

Kiedy kierowca zatrzymał się, by zapalić fajkę, Dave wykorzystał ostatnią szansę.

Lorsque le chauffeur est revenu et a crié, l'équipe n'a pas avancé.

Gdy kierowca wrócił i krzyknął, drużyna nie ruszyła dalej.

Les chiens avaient tourné la tête, déconcertés par l'arrêt soudain.

Psy odwróciły głowy, zdezorientowane nagłą przerwą.

Le conducteur était également choqué : le traîneau n'avait pas avancé d'un pouce.

Kierowca również był zszokowany — sanie nie przesunęły się ani o cal do przodu.

Il a appelé les autres pour qu'ils viennent voir ce qui s'était passé.

Zawołał do pozostałych, żeby przyszli i zobaczyli, co się stało.

Dave avait mâché les rênes de Solleks, les brisant toutes les deux.

Dave przegryzł lejce Solleksa, rozrywając je na kawałki.

Il se tenait maintenant devant le traîneau, de retour à sa position légitime.

Teraz stanął przed saniami, wracając na swoją właściwą pozycję.

Dave leva les yeux vers le conducteur, le suppliant silencieusement de rester dans les traces.

Dave spojrzał na kierowcę, błagając go w duchu, aby ten nie schodził z trasy.

Le conducteur était perplexe, ne sachant pas quoi faire pour le chien en difficulté.

Kierowca był zdezorientowany i nie wiedział, co zrobić z walczącym psem.

Les autres hommes parlaient de chiens qui étaient morts après avoir été emmenés dehors.

Pozostali mężczyźni opowiadali o psach, które zdechły podczas wyprowadzania.

Ils ont parlé de chiens âgés ou blessés dont le cœur se brisait lorsqu'ils étaient abandonnés.

Opowiadali o starych i rannych psach, których serca pękały, gdy je zostawiano.

Ils ont convenu que c'était une preuve de miséricorde de laisser Dave mourir alors qu'il était encore dans son harnais.

Zgodzili się, że pozwolenie Dave'owi umrzeć, gdy był jeszcze w uprzęży, było aktem miłosierdzia.

Il était attaché au traîneau et Dave tirait avec fierté.

Przypięto go z powrotem do sań, a Dave ciągnął z dumą.

Même s'il criait parfois, il travaillait comme si la douleur pouvait être ignorée.

Choć czasami krzyczał, zachowywał się tak, jakby ból można było ignorować.

Plus d'une fois, il est tombé et a été traîné avant de se relever.

Nie raz upadał i był ciągnięty, zanim zdołał się podnieść.

Un jour, le traîneau l'a écrasé et il a boité à partir de ce moment-là.

W pewnym momencie sanki przewróciły się na niego i od tego momentu utykał.

Il travailla néanmoins jusqu'à ce qu'il atteigne le camp, puis s'allongea près du feu.

Mimo to pracował aż dotarli do obozu, a potem położył się przy ognisku.

Le matin, Dave était trop faible pour voyager ou même se tenir debout.

Rano Dave był zbyt słaby, aby podróżować, a nawet stać prosto.

Au moment de l'attelage, il essaya d'atteindre son conducteur avec un effort tremblant.

Podczas zaprzęgu próbował dotrzeć do kierowcy, drżąc z wysiłku.

Il se força à se relever, tituba et s'effondra sur le sol enneigé.

Zmusił się do podniesienia, zatoczył się i padł na zaśnieżoną ziemię.

À l'aide de ses pattes avant, il a traîné son corps vers la zone de harnais.

Używając przednich nóg, pociągnął ciało w kierunku miejsca założenia uprzęży.

Il s'avança, pouce par pouce, vers les chiens de travail.

Zbliżał się, cal po calu, do pracujących psów.

Ses forces l'abandonnèrent, mais il continua d'avancer dans sa dernière poussée désespérée.

Siły go opuściły, lecz kontynuował swój ostatni desperacki atak.

Ses coéquipiers l'ont vu haleter dans la neige, impatients de les rejoindre.

Jego koledzy z drużyny widzieli, jak dyszy na śniegu, wciąż pragnąc do nich dołączyć.

Ils l'entendirent hurler de tristesse alors qu'ils quittaient le camp.

Słyszeli, jak wył z żalu, gdy opuszczali obóz.

Alors que l'équipe disparaissait dans les arbres, le cri de Dave résonna derrière eux.

Gdy drużyna zniknęła między drzewami, za nimi rozległ się krzyk Dave'a.

Le train de traîneaux s'est brièvement arrêté après avoir traversé un tronçon de forêt fluviale.

Pociąg saneczkowy zatrzymał się na krótko po przejechaniu przez odcinek lasu nadrzecznego.

Le métis écossais retourna lentement vers le camp situé derrière lui.

Szkocki półkrwi powoli ruszył z powrotem w stronę obozu.

Les hommes ont arrêté de parler quand ils l'ont vu quitter le train de traîneaux.

Mężczyźni przestali rozmawiać, gdy zobaczyli, że wysiada z pociągu.

Puis un coup de feu retentit clairement et distinctement de l'autre côté du sentier.

Wtedy pojedynczy strzał rozległ się wyraźnie i ostro na szlaku.

L'homme revint rapidement et reprit sa place sans un mot.

Mężczyzna wrócił szybko i zajął swoje miejsce, nie mówiąc ani słowa.

Les fouets claquaient, les cloches tintaient et les traîneaux roulaient dans la neige.

Strzelały baty, dzwoniły dzwonki, a sanki toczyły się po śniegu.

Mais Buck savait ce qui s'était passé, et tous les autres chiens aussi.

Ale Buck wiedział, co się stało, tak samo jak każdy inny pies.

Le travail des rênes et du sentier
Męka cugli i szlaku

Trente jours après avoir quitté Dawson, le Salt Water Mail atteignit Skaguay.

Trzydzieści dni po opuszczeniu Dawson, statek Salt Water Mail dotarł do Skaguay.

Buck et ses coéquipiers ont pris la tête, arrivant dans un état pitoyable.

Buck i jego koledzy z drużyny wyszli na prowadzenie, docierając na metę w opłakanym stanie.

Buck était passé de cent quarante à cent quinze livres.

Buck schudł ze stu czterdziestu do stu piętnastu funtów.

Les autres chiens, bien que plus petits, avaient perdu encore plus de poids.

Pozostałe psy, mimo że mniejsze, straciły jeszcze więcej na wadze.

Pike, autrefois un faux boiteux, traînait désormais derrière lui une jambe véritablement blessée.

Pike, który kiedyś udawał utykanie, teraz ciągnął za sobą poważnie kontuzjowaną nogę.

Solleks boitait beaucoup et Dub avait une omoplate déchirée.

Solleks mocno utykał, a Dub miał złamaną łopatkę.

Tous les chiens de l'équipe avaient mal aux pieds après des semaines passées sur le sentier gelé.

Każdy pies w zespole miał obolałe nogi od tygodni spędzonych na zamarzniętym szlaku.

Ils n'avaient plus aucun ressort dans leurs pas, seulement un mouvement lent et traînant.

Ich kroki nie były już sprężyste, poruszali się jedynie powoli i powłócząc nogami.

Leurs pieds heurtent durement le sentier, chaque pas ajoutant plus de tension à leur corps.

Ich stopy mocno uderzają o szlak, każdy krok powoduje większe obciążenie ciała.

Ils n'étaient pas malades, seulement épuisés au-delà de toute guérison naturelle.

Nie byli chorzy, tylko wyczerpani do tego stopnia, że nie mogli już normalnie wyzdrowieć.

Ce n'était pas la fatigue d'une dure journée, guérie par une nuit de repos.

Nie było to zmęczenie po ciężkim dniu, które można wyleczyć nocnym odpoczynkiem.

C'était un épuisement qui s'était construit lentement au fil de mois d'efforts épuisants.

To było wyczerpanie, narastające powoli, przez miesiące wyczerpującego wysiłku.

Il ne leur restait plus aucune force de réserve : ils avaient épuisé toutes leurs forces.

Nie mieli już żadnych rezerwowych sił – wykorzystali wszystkie, jakie mieli.

Chaque muscle, chaque fibre et chaque cellule de leur corps étaient épuisés et usés.

Każdy mięsień, włókno i komórka w ich ciałach były zużyte i wyeksploatowane.

Et il y avait une raison : ils avaient parcouru deux mille cinq cents kilomètres.

I był ku temu powód — przejechali łącznie dwadzieścia pięćset mil.

Ils ne s'étaient reposés que cinq jours au cours des mille huit cents derniers kilomètres.

W ciągu ostatnich tysiąca ośmiuset mil odpoczywali tylko pięć dni.

Lorsqu'ils arrivèrent à Skaguay, ils semblaient à peine capables de se tenir debout.

Gdy dotarli do Skaguay, wyglądało na to, że ledwo mogą ustać na nogach.

Ils ont lutté pour garder les rênes serrées et rester devant le traîneau.

Starali się trzymać lejce mocno i utrzymać się przed saniami.

Dans les descentes, ils ont tout juste réussi à éviter d'être écrasés.

Na zjazdach udało im się jedynie uniknąć potrącenia.

« Continuez, pauvres pieds endoloris », dit le chauffeur tandis qu'ils boitaient.

„Idźcie dalej, biedne, obolałe stopy" – powiedział kierowca, gdy utykali.

« C'est la dernière ligne droite, après quoi nous aurons tous droit à un long repos, c'est sûr. »

„To jest ostatni odcinek, potem na pewno wszyscy będziemy mieli długi odpoczynek".

« Un très long repos », promit-il en les regardant avancer en titubant.

„Jeden naprawdę długi odpoczynek" – obiecał, patrząc, jak zataczają się do przodu.

Les pilotes s'attendaient à bénéficier d'une longue pause bien méritée.

Kierowcy spodziewali się, że teraz będą mogli zrobić sobie długą, potrzebną przerwę.

Ils avaient parcouru douze cents milles avec seulement deux jours de repos.

Przebyli tysiąc dwieście mil, odpoczywając zaledwie dwa dni.

Par souci d'équité et de raison, ils estimaient avoir mérité un temps de détente.

Uczciwie i rozsądnie uważali, że zasłużyli na czas na relaks.

Mais trop de gens étaient venus au Klondike et trop peu étaient restés chez eux.

Ale zbyt wielu przybyło nad Klondike, a zbyt niewielu zostało w domu.

Les lettres des familles ont afflué, créant des piles de courrier en retard.

Zalewająca miasto korespondencja od rodzin zalewała domki, tworząc stosy opóźnionej poczty.

Les ordres officiels sont arrivés : de nouveaux chiens de la Baie d'Hudson allaient prendre le relais.

Przyszły oficjalne rozkazy — nowe psy z Zatoki Hudsona miały przejąć władzę.

Les chiens épuisés, désormais considérés comme sans valeur, devaient être éliminés.

Wyczerpane psy, teraz uznane za bezwartościowe, miały zostać usunięte.

Comme l'argent comptait plus que les chiens, ils allaient être vendus à bas prix.

Ponieważ pieniądze były dla nich ważniejsze od psów, zamierzano je sprzedać tanio.

Trois jours supplémentaires passèrent avant que les chiens ne ressentent à quel point ils étaient faibles.

Minęły kolejne trzy dni, zanim psy poczuły, jak bardzo są osłabione.

Le quatrième matin, deux hommes venus des États-Unis ont acheté toute l'équipe.

Czwartego ranka dwóch mężczyzn ze Stanów wykupiło cały zespół.

La vente comprenait tous les chiens, ainsi que leur harnais usagé.

Sprzedaż obejmowała wszystkie psy wraz ze zużytymi szelkami.

Les hommes s'appelaient mutuellement « Hal » et « Charles » lorsqu'ils concluaient l'affaire.

Mężczyźni zwracali się do siebie „Hal" i „Charles", finalizując transakcję.

Charles était d'âge moyen, pâle, avec des lèvres molles et des pointes de moustache féroces.

Charles był mężczyzną w średnim wieku, bladym, o wiotkich ustach i ostrych końcówkach wąsów.

Hal était un jeune homme, peut-être âgé de dix-neuf ans, portant une ceinture bourrée de cartouches.

Hal był młodym mężczyzną, miał może dziewiętnaście lat i nosił pas wypchany nabojami.

La ceinture contenait un gros revolver et un couteau de chasse, tous deux inutilisés.

Na pasku znajdował się duży rewolwer i nóż myśliwski, oba nieużywane.

Cela a montré à quel point il était inexpérimenté et inapte à la vie dans le Nord.

Pokazywało to jego niedoświadczenie i nieprzygotowanie do życia na północy.

Aucun des deux hommes n'appartenait à la nature sauvage ; leur présence défiait toute raison.

Żaden z nich nie należał do dzikich zwierząt; ich obecność przeczyła wszelkiemu zdrowemu rozsądkowi.

Buck a regardé l'argent échanger des mains entre l'acheteur et l'agent.

Buck obserwował, jak pieniądze przechodziły z rąk do rąk między kupującym a agentem.

Il savait que les conducteurs du train postal allaient le quitter comme les autres.

Wiedział, że maszyniści pociągów pocztowych odchodzą z jego życia tak jak pozostali.

Ils suivirent Perrault et François, désormais irrévocables.

Poszli za Perraultem i François, których już nie można było odszukać.

Buck et l'équipe ont été conduits dans le camp négligé de leurs nouveaux propriétaires.

Buck i jego drużyna zostali zaprowadzeni do brudnego obozowiska nowych właścicieli.

La tente s'affaissait, la vaisselle était sale et tout était en désordre.

Namiot zapadł się, naczynia były brudne, a wszystko leżało w nieładzie.

Buck remarqua également une femme : Mercedes, la femme de Charles et la sœur de Hal.

Buck zauważył tam również kobietę – Mercedes, żonę Charlesa i siostrę Hala.

Ils formaient une famille complète, bien que loin d'être adaptée au sentier.

Stanowili kompletną rodzinę, choć daleko im było do przystosowania do szlaku.

Buck regarda nerveusement le trio commencer à emballer les fournitures.

Buck nerwowo obserwował, jak trójka zaczyna pakować rzeczy.

Ils ont travaillé dur mais sans ordre, juste du grabuge et des efforts gaspillés.

Pracowali ciężko, ale bez ładu i składu – tylko zamieszanie i marnowanie wysiłku.

La tente a été roulée dans une forme volumineuse, beaucoup trop grande pour le traîneau.

Namiot zwinięto w nieporęczny kształt, zdecydowanie za duży do sań.

La vaisselle sale a été emballée sans avoir été nettoyée ni séchée du tout.

Brudne naczynia pakowano bez ich umycia i wysuszenia.

Mercedes voltigeait, parlant constamment, corrigeant et intervenant.

Mercedes krzątała się tu i ówdzie, nieustannie gadając, poprawiając i wtrącając się.

Lorsqu'un sac était placé à l'avant, elle insistait pour qu'il soit placé à l'arrière.

Gdy worek został umieszczony z przodu, ona nalegała, żeby umieścić go z tyłu.

Elle a mis le sac au fond, et l'instant d'après, elle en avait besoin.

Spakowała worek na dno i w następnej chwili go potrzebowała.

Le traîneau a donc été déballé à nouveau pour atteindre le sac spécifique.

Więc sanie rozpakowano ponownie, żeby dotrzeć do konkretnego bagażu.

À proximité, trois hommes se tenaient devant une tente, observant la scène se dérouler.

Nieopodal, przed namiotem, trzej mężczyźni stali i obserwowali rozwój wydarzeń.

Ils souriaient, faisaient des clins d'œil et souriaient à la confusion évidente des nouveaux arrivants.

Uśmiechali się, mrugali i szczerzyli zęby w uśmiechu, widząc wyraźne zdezorientowanie przybyszów.

« Vous avez déjà une charge très lourde », dit l'un des hommes.

„Masz już naprawdę ciężki ładunek" – powiedział jeden z mężczyzn.

« Je ne pense pas que tu devrais porter cette tente, mais c'est ton choix. »

„Myślę, że nie powinieneś nieść tego namiotu, ale to twój wybór."

« Inimaginable ! » s'écria Mercedes en levant les mains de désespoir.

„Nie do pomyślenia!" – krzyknęła Mercedes, rozpaczliwie unosząc ręce.

« Comment pourrais-je voyager sans une tente sous laquelle dormir ? »

„Jak mógłbym podróżować bez namiotu, pod którym mógłbym spać?"

« C'est le printemps, vous ne verrez plus jamais de froid », répondit l'homme.

„Jest wiosna, nie będzie już takiej zimy" – odpowiedział mężczyzna.

Mais elle secoua la tête et ils continuèrent à empiler des objets sur le traîneau.

Ona jednak pokręciła głową, a oni dalej dokładali rzeczy na sanki.

La charge s'élevait dangereusement alors qu'ils ajoutaient les dernières choses.

Ładunek niebezpiecznie wzrósł, gdy dodawali ostatnie rzeczy.

« Tu penses que le traîneau va rouler ? » demanda l'un des hommes avec un regard sceptique.

„Myślisz, że sanie pojadą?" – zapytał jeden z mężczyzn ze sceptycznym wyrazem twarzy.

« Pourquoi pas ? » rétorqua Charles, vivement agacé.

„A dlaczego nie?" – warknął Charles z ostrym rozdrażnieniem.

« Oh, ce n'est pas grave », dit rapidement l'homme, s'éloignant de l'offense.

„Och, w porządku" – powiedział szybko mężczyzna, wycofując się z ataku.

« Je me demandais juste – ça me semblait un peu trop lourd. »

„Zastanawiałem się tylko – wydawało mi się, że jest trochę za bardzo przeładowany u góry".

Charles se détourna et attacha la charge du mieux qu'il put.

Charles odwrócił się i związał ładunek najlepiej jak potrafił.

Mais les attaches étaient lâches et l'emballage mal fait dans l'ensemble.

Jednak mocowania były luźne, a pakowanie ogólnie rzecz biorąc źle wykonane.

« Bien sûr, les chiens tireront ça toute la journée », a dit un autre homme avec sarcasme.

„Jasne, psy będą to ciągnąć cały dzień" – powiedział sarkastycznie inny mężczyzna.

« Bien sûr », répondit froidement Hal en saisissant le long mât du traîneau.

„Oczywiście" – odpowiedział chłodno Hal, chwytając za długi drążek sterowniczy sanek.

D'une main sur le poteau, il faisait tournoyer le fouet dans l'autre.

Jedną ręką trzymając drążek, drugą wymachiwał batem.

« Allons-y ! » cria-t-il. « Allez ! » exhortant les chiens à démarrer.

„Ruszajmy!" krzyknął. „Ruszajcie się!" zachęcając psy do startu.

Les chiens se sont penchés sur le harnais et ont tendu pendant quelques instants.

Psy naparły na uprząż i przez chwilę walczyły.

Puis ils s'arrêtèrent, incapables de déplacer d'un pouce le traîneau surchargé.

Następnie zatrzymali się, nie mogąc ruszyć przeciążonych sań nawet o cal.

« Ces brutes paresseuses ! » hurla Hal en levant le fouet pour les frapper.

„Leniwe bestie!" krzyknął Hal, podnosząc bat, żeby ich uderzyć.

Mais Mercedes s'est précipitée et a saisi le fouet des mains de Hal.

Ale Mercedes wpadła i wyrwała bat z rąk Hala.

« Oh, Hal, n'ose pas leur faire de mal », s'écria-t-elle, alarmée.

„Och, Hal, nie waż się ich skrzywdzić!" – krzyknęła przerażona.

« Promets-moi que tu seras gentil avec eux, sinon je n'irai pas plus loin. »

„Obiecaj mi, że będziesz dla nich miły, albo nie zrobię ani kroku dalej".

« Tu ne connais rien aux chiens », lança Hal à sa sœur.

„Nic nie wiesz o psach" – warknął Hal do swojej siostry.

« Ils sont paresseux, et la seule façon de les déplacer est de les fouetter. »

„Są leniwe i jedynym sposobem, żeby je ruszyć, jest ich chłosta".

« Demandez à n'importe qui, demandez à l'un de ces hommes là-bas si vous doutez de moi. »

„Zapytaj kogokolwiek – zapytaj któregoś z tych mężczyzn, jeśli we mnie wątpisz."

Mercedes regarda les spectateurs avec des yeux suppliants et pleins de larmes.

Mercedes spojrzała na gapiów błagalnym, pełnym łez wzrokiem.

Son visage montrait à quel point elle détestait la vue de la douleur.

Na jej twarzy widać było, jak bardzo nienawidzi widoku jakiegokolwiek bólu.

« Ils sont faibles, c'est tout », dit un homme. « Ils sont épuisés. »

„Są słabi, to wszystko" – powiedział jeden mężczyzna. „Są wyczerpani".

« Ils ont besoin de repos, ils ont travaillé trop longtemps sans pause. »

„Potrzebują odpoczynku – pracowali zbyt długo bez przerwy".

« Que le repos soit maudit », murmura Hal, la lèvre
retroussée.

„Niech reszta będzie przeklęta" – mruknął Hal, krzywiąc usta.

Mercedes haleta, clairement peinée par ce mot grossier de sa
part.

Mercedes jęknęła, wyraźnie zasmucona jego wulgarnymi
słowami.

Pourtant, elle est restée loyale et a immédiatement défendu
son frère.

Mimo wszystko pozostała lojalna i natychmiast stanęła w
obronie brata.

« Ne fais pas attention à cet homme », dit-elle à Hal. « Ce
sont nos chiens. »

„Nie przejmuj się tym człowiekiem" – powiedziała do Hala.
„To nasze psy".

« Vous les conduisez comme bon vous semble, faites ce que
vous pensez être juste. »

„Prowadź je tak, jak uważasz za stosowne – rób to, co
uważasz za słuszne".

Hal leva le fouet et frappa à nouveau les chiens sans pitié.

Hal podniósł bat i ponownie uderzył psy bez litości.

Ils se sont précipités en avant, le corps bas, les pieds
poussant dans la neige.

Rzucili się do przodu, pochylając nisko ciała i wbijając stopy w
śnieg.

Toutes leurs forces étaient utilisées pour tirer, mais le
traîneau ne bougeait pas.

Całą swoją siłę włożyli w ciągnięcie, lecz sanie nie ruszyły.

Le traîneau est resté coincé, comme une ancre figée dans la
neige tassée.

Sanie pozostały przyklejone, niczym kotwica zamarznięta w
ubitym śniegu.

Après un deuxième effort, les chiens s'arrêtèrent à nouveau,
haletants.

Po drugiej próbie psy znów się zatrzymały, ciężko dysząc.

Hal leva à nouveau le fouet, juste au moment où Mercedes
intervenait à nouveau.

Hal ponownie podniósł bat, akurat w chwili, gdy Mercedes znów wkroczyła do akcji.

Elle tomba à genoux devant Buck et lui serra le cou.

Uklękła przed Buckiem i objęła go za szyję.

Les larmes lui montèrent aux yeux tandis qu'elle suppliait le chien épuisé.

Łzy napłynęły jej do oczu, gdy błagała wyczerpanego psa.

« Pauvres chéris », dit-elle, « pourquoi ne tirez-vous pas plus fort ? »

„Biedactwa", powiedziała, „dlaczego po prostu nie pociągniecie mocniej?"

« Si tu tires, tu ne seras pas fouetté comme ça. »

„Jeśli pociągniesz, to nie dostaniesz takiego bata."

Buck n'aimait pas Mercedes, mais il était trop fatigué pour lui résister maintenant.

Buck nie lubił Mercedes, ale był teraz zbyt zmęczony, żeby jej się oprzeć.

Il accepta ses larmes comme une simple partie de cette journée misérable.

Przyjął jej łzy jako kolejny element tego okropnego dnia.

L'un des hommes qui regardaient a finalement parlé après avoir retenu sa colère.

Jeden z obserwujących mężczyzn w końcu przemówił, powstrzymując gniew.

« Je me fiche de ce qui vous arrive, mais ces chiens comptent. »

„Nie obchodzi mnie, co się z wami stanie, ale te psy są ważne".

« Si vous voulez aider, détachez ce traîneau, il est gelé dans la neige. »

„Jeśli chcesz pomóc, uwolnij sanki – są zamarznięte do śniegu".

« Appuyez fort sur la perche, à droite et à gauche, et brisez le sceau de glace. »

„Naciśnij mocno na drążek skrętu, w prawo i w lewo, a rozbijesz pokrywę lodową".

Une troisième tentative a été faite, cette fois-ci suite à la suggestion de l'homme.

Podjęto trzecią próbę, tym razem idąc za sugestią mężczyzny.

Hal a balancé le traîneau d'un côté à l'autre, libérant les patins.

Hal zakołysał saniami na boki, aż płozy się uwolniły.

Le traîneau, bien que surchargé et maladroit, a finalement fait un bond en avant.

Choć przeciążone i niezgrabne, sanie w końcu ruszyły do przodu.

Buck et les autres tiraient sauvagement, poussés par une tempête de coups de fouet.

Buck i pozostali ciągnęli jak szaleni, gnani falą uderzeń biczem.

Une centaine de mètres plus loin, le sentier courbait et descendait en pente dans la rue.

Sto jardów dalej ścieżka skręcała i prowadziła w stronę ulicy.

Il aurait fallu un conducteur expérimenté pour maintenir le traîneau droit.

Utrzymanie sań w pozycji pionowej wymagało umiejętności kierowcy.

Hal n'était pas habile et le traîneau a basculé en tournant dans le virage.

Hal nie miał odpowiednich umiejętności i sanki przewróciły się na zakręcie.

Les sangles lâches ont cédé et la moitié de la charge s'est répandue sur la neige.

Luźne wiązania puściły i połowa ładunku rozsypała się na śniegu.

Les chiens ne s'arrêtèrent pas ; le traîneau le plus léger volait sur le côté.

Psy się nie zatrzymały; lżejsze sanie powędrowały na bok.

En colère à cause des mauvais traitements et du lourd fardeau, les chiens couraient plus vite.

Wściekłe z powodu znęcania się i ciężaru, psy pobiegły szybciej.

Buck, furieux, s'est mis à courir, suivi par l'équipe.

Buck, wściekły, rzucił się do biegu, a reszta drużyny podążyła za nim.

Hal a crié « Whoa ! Whoa ! » mais l'équipe ne lui a pas prêté attention.

Hal krzyknął „Whoa! Whoa!", ale drużyna nie zwróciła na niego uwagi.

Il a trébuché, est tombé et a été traîné au sol par le harnais.

Potknął się, upadł i został wleczony po ziemi za uprząż.

Le traîneau renversé l'a heurté tandis que les chiens couraient devant.

Wywrócone sanie uderzyły w niego, gdy psy pobiegły naprzód.

Le reste des fournitures est dispersé dans la rue animée de Skaguay.

Reszta zapasów rozrzucona po ruchliwej ulicy Skaguay.

Des personnes au grand cœur se sont précipitées pour arrêter les chiens et rassembler le matériel.

Dobroczynni ludzie pobiegli zatrzymać psy i zabrać sprzęt.

Ils ont également donné des conseils, directs et pratiques, aux nouveaux voyageurs.

Udzielali także nowym podróżnikom bezpośrednich i praktycznych porad.

« Si vous voulez atteindre Dawson, prenez la moitié du chargement et doublez les chiens. »

„Jeśli chcesz dotrzeć do Dawsona, weź połowę ładunku i podwój liczbę psów".

Hal, Charles et Mercedes écoutaient, mais sans enthousiasme.

Hal, Charles i Mercedes słuchali, choć bez entuzjazmu.

Ils ont installé leur tente et ont commencé à trier leurs provisions.

Rozbili namiot i zaczęli przeglądać swoje rzeczy.

Des conserves sont sorties, ce qui a fait rire les spectateurs.

Na stole pojawiły się puszki z jedzeniem, co wywołało salwy śmiechu wśród gapiów.

« Des conserves sur le sentier ? Tu vas mourir de faim avant qu'elles ne fondent », a dit l'un d'eux.

„Konserwy na szlaku? Umrzesz z głodu, zanim się rozpuszczą" – powiedział jeden.

« Des couvertures d'hôtel ? Tu ferais mieux de toutes les jeter. »

„Koce hotelowe? Lepiej je wszystkie wyrzucić."

« Laissez tomber la tente aussi, et personne ne fait la vaisselle ici. »

„Pozbądź się też namiotu, a tutaj nikt nie będzie zmywał naczyń."

« Tu crois que tu voyages dans un train Pullman avec des domestiques à bord ? »

„Myślisz, że jedziesz pociągiem Pullman ze służbą na pokładzie?"

Le processus a commencé : chaque objet inutile a été jeté de côté.

Proces się rozpoczął — wszystkie bezużyteczne przedmioty zostały wyrzucone na bok.

Mercedes a pleuré lorsque ses sacs ont été vidés sur le sol enneigé.

Mercedes płakała, gdy wysypano jej torby na zaśnieżoną ziemię.

Elle sanglotait sur chaque objet jeté, un par un, sans pause.

Płakała nad każdą rzeczą, którą wyrzucała po kolei, bez chwili zawahania.

Elle jura de ne plus faire un pas de plus, même pas pendant dix Charles.

Przyrzekła sobie, że nie zrobi ani jednego kroku więcej – nawet za dziesięciu Charlesów.

Elle a supplié chaque personne à proximité de la laisser garder ses objets précieux.

Błagała każdą osobę znajdującą się w pobliżu, aby pozwoliła jej zatrzymać jej cenne rzeczy.

Finalement, elle s'essuya les yeux et commença à jeter même les vêtements essentiels.

Na koniec otarła oczy i zaczęła wyrzucać nawet najważniejsze ubrania.

Une fois les siennes terminées, elle commença à vider les provisions des hommes.

Kiedy skończyła ze swoimi rzeczami, zaczęła opróżniać zapasy mężczyzn.

Comme un tourbillon, elle a déchiré les affaires de Charles et Hal.

Jak huragan porwała rzeczy Charlesa i Hala.

Même si la charge était réduite de moitié, elle était encore bien plus lourde que nécessaire.

Mimo że ładunek zmniejszył się o połowę, nadal był znacznie cięższy, niż było to konieczne.

Cette nuit-là, Charles et Hal sont sortis et ont acheté six nouveaux chiens.

Tej nocy Charles i Hal poszli i kupili sześć nowych psów.

Ces nouveaux chiens ont rejoint les six originaux, plus Teek et Koona.

Do pierwotnej szóstki, plus Teeka i Koonę, dołączyły nowe psy.

Ensemble, ils formaient une équipe de quatorze chiens attelés au traîneau.

Razem stworzyli zespół składający się z czternastu psów zaprzęgniętych do sań.

Mais les nouveaux chiens n'étaient pas aptes et mal entraînés au travail en traîneau.

Jednak nowe psy nie nadawały się do pracy zaprzęgowej i były do tego słabo wyszkolone.

Trois des chiens étaient des pointeurs à poil court et un était un Terre-Neuve.

Trzy z psów były krótkowłosymi pointerami, a jeden był nowofundlandem.

Les deux derniers chiens étaient des bâtards sans race ni objectif clairement définis.

Ostatnie dwa psy były kundlami bez wyraźnej rasy i przeznaczenia.

Ils n'ont pas compris le sentier et ne l'ont pas appris rapidement.

Nie rozumieli szlaku i nie nauczyli się go szybko.

Buck et ses compagnons les regardaient avec mépris et une profonde irritation.

Buck i jego towarzysze patrzyli na nich z pogardą i głęboką irytacją.

Bien que Buck leur ait appris ce qu'il ne fallait pas faire, il ne pouvait pas leur enseigner le devoir.

Chociaż Buck uczył ich, czego nie należy robić, nie potrafił nauczyć ich obowiązku.

Ils n'ont pas bien supporté la vie sur les sentiers ni la traction des rênes et des traîneaux.

Nie znosiły życia na szlaku ani ciągnięcia lejców i sań.

Seuls les bâtards essayaient de s'adapter, et même eux manquaient d'esprit combatif.

Tylko kundle próbowały się przystosować, ale nawet im brakowało ducha walki.

Les autres chiens étaient confus, affaiblis et brisés par leur nouvelle vie.

Pozostałe psy były zdezorientowane, osłabione i złamane nowym życiem.

Les nouveaux chiens étant désemparés et les anciens épuisés, l'espoir était mince.

Nowe psy nie miały pojęcia, co się dzieje, a stare były wyczerpane, więc nadzieja była nikła.

L'équipe de Buck avait parcouru deux mille cinq cents kilomètres de sentiers difficiles.

Zespół Bucka pokonał dwadzieścia pięćset mil trudnego szlaku.

Pourtant, les deux hommes étaient joyeux et fiers de leur grande équipe de chiens.

Mimo to obaj mężczyźni byli radośni i dumni ze swojego dużego psiego zaprzęgu.

Ils pensaient voyager avec style, avec quatorze chiens attelés.

Myśleli, że podróżują z klasą, zabierając ze sobą czternaście psów.

Ils avaient vu des traîneaux partir pour Dawson, et d'autres en arriver.

Widzieli sanie odjeżdżające do Dawson i inne przyjeżdżające
stamtąd.

Mais ils n'en avaient jamais vu un tiré par quatorze chiens.

Ale nigdy nie widzieli pojazdu ciągniętego przez czternaście
psów.

**Il y avait une raison pour laquelle de telles équipes étaient
rares dans la nature sauvage de l'Arctique.**

Był powód, dla którego takie zespoły były rzadkością na
arktycznych pustkowiach.

**Aucun traîneau ne pouvait transporter suffisamment de
nourriture pour nourrir quatorze chiens pendant le voyage.**

Żadne sanie nie były w stanie przewieźć wystarczającej ilości
jedzenia dla czternastu psów.

**Mais Charles et Hal ne le savaient pas : ils avaient fait le
calcul.**

Ale Charles i Hal nie wiedzieli, że to już wszystko wiedzą.

**Ils ont planifié la nourriture : tant par chien, tant de jours, et
c'est fait.**

Zaplanowali jedzenie: ile na psa, na ile dni, gotowe.

**Mercedes regarda leurs chiffres et hocha la tête comme si
cela avait du sens.**

Mercedes spojrzała na swoje liczby i pokiwała głową, jakby
wszystko miało sens.

Tout cela lui semblait très simple, du moins sur le papier.

Wszystko wydawało jej się bardzo proste, przynajmniej na
papierze.

**Le lendemain matin, Buck conduisit lentement l'équipe
dans la rue enneigée.**

Następnego ranka Buck powoli poprowadził drużynę
zaśnieżoną ulicą.

**Il n'y avait aucune énergie ni aucun esprit en lui ou chez les
chiens derrière lui.**

Nie było w nim ani w psach za nim żadnej energii ani ducha.

Ils étaient épuisés dès le départ, il n'y avait plus de réserve.

Byli śmiertelnie zmęczeni od samego początku, nie mieli już
żadnych rezerw.

Buck avait déjà effectué quatre voyages entre Salt Water et Dawson.

Buck odbył już cztery podróże między Salt Water i Dawson.

Maintenant, confronté à nouveau à la même épreuve, il ne ressentait que de l'amertume.

Teraz, gdy znów stanął przed tym samym szlakiem, nie czuł nic poza goryczą.

Son cœur n'y était pas, ni celui des autres chiens.

Nie wkładał w to serca, tak samo jak serca innych psów.

Les nouveaux chiens étaient timides et les huskies manquaient totalement de confiance.

Nowe psy były nieśmiałe, a husky nie wzbudzały żadnego zaufania.

Buck sentait qu'il ne pouvait pas compter sur ces deux hommes ou sur leur sœur.

Buck czuł, że nie może polegać ani na tych dwóch mężczyznach, ani na ich siostrze.

Ils ne savaient rien et ne montraient aucun signe d'apprentissage sur le sentier.

Nie wiedzieli nic i nie wykazali żadnych oznak wyciągnięcia wniosków na szlaku.

Ils étaient désorganisés et manquaient de tout sens de la discipline.

Byli niezorganizowani i brakowało im dyscypliny.

Il leur fallait à chaque fois la moitié de la nuit pour monter un campement bâclé.

Za każdym razem zajmowało im to pół nocy, żeby rozbić byle jaki obóz.

Et ils passèrent la moitié de la matinée suivante à tâtonner à nouveau avec le traîneau.

A połowę następnego poranka spędzili na ponownym majstrowaniu przy saniach.

À midi, ils s'arrêtaient souvent juste pour réparer la charge inégale.

Około południa często zatrzymywali się, aby poprawić nierównomierny ładunek.

Certains jours, ils parcouraient moins de dix milles au total.

W niektóre dni przebyli w sumie mniej niż dziesięć mil.

D'autres jours, ils ne parvenaient pas du tout à quitter le camp.

Innym razem w ogóle nie udawało im się opuścić obozu.

Ils n'ont jamais réussi à couvrir la distance alimentaire prévue.

Nigdy nie zbliżyli się do zaplanowanego dystansu żywieniowego.

Comme prévu, ils ont très vite manqué de nourriture pour les chiens.

Jak się spodziewano, bardzo szybko zabrakło jedzenia dla psów.

Ils ont aggravé la situation en les suralimentant au début.

Na początku sytuację pogarszało przekarmianie.

À chaque ration négligée, la famine se rapprochait.

Każda nieostrożna racja żywnościowa przybliżała nas do głodu.

Les nouveaux chiens n'avaient pas appris à survivre avec très peu.

Nowe psy nie nauczyły się przetrwać, mając mało jedzenia.

Ils mangeaient avec faim, avec un appétit trop grand pour le sentier.

Jedli łapczywie, ich apetyty były zbyt duże jak na trasę.

Voyant les chiens s'affaiblir, Hal pensait que la nourriture n'était pas suffisante.

Widząc, że psy słabną, Hal uznał, że jedzenie nie wystarczy.

Il a doublé les rations, rendant l'erreur encore pire.

Podwoił racje żywnościowe, co tylko pogorszyło sprawę.

Mercedes a aggravé le problème avec ses larmes et ses douces supplications.

Mercedes pogorszyła sprawę łzami i cichymi prośbami.

Comme elle n'arrivait pas à convaincre Hal, elle nourrissait les chiens en secret.

Gdy nie udało jej się przekonać Hala, potajemnie karmiła psy.

Elle a volé des sacs de poissons et les leur a donnés dans son dos.

Ukradła ryby z worków i dała im je za jego plecami.

Mais ce dont les chiens avaient réellement besoin, ce n'était pas de plus de nourriture, mais de repos.

Ale tym, czego psy naprawdę potrzebowały, nie było jedzenie, lecz odpoczynek.

Ils progressaient mal, mais le lourd traîneau continuait à avancer.

Choć jechali słabo, ciężkie sanie nadal się ciągnęły.

Ce poids à lui seul épuisait chaque jour leurs forces restantes.

Sam ten ciężar pozbawiał ich sił, które pozostały im każdego dnia.

Puis vint l'étape de la sous-alimentation, les réserves s'épuisant.

Potem nadszedł etap niedożywienia, gdyż zapasy zaczęły się kończyć.

Un matin, Hal s'est rendu compte que la moitié de la nourriture pour chien avait déjà disparu.

Pewnego ranka Hal zdał sobie sprawę, że połowa karmy dla psa już się skończyła.

Ils n'avaient parcouru qu'un quart de la distance totale du sentier.

Przebyli zaledwie jedną czwartą całkowitego dystansu szlaku.

On ne pouvait plus acheter de nourriture, quel que soit le prix proposé.

Nie można było już kupić jedzenia, bez względu na oferowaną cenę.

Il a réduit les portions des chiens en dessous de la ration quotidienne standard.

Zmniejszył porcje dla psów poniżej standardowej dziennej racji.

Dans le même temps, il a exigé des voyages plus longs pour compenser la perte.

Jednocześnie domagał się dłuższego czasu podróży, aby zrekompensować straty.

Mercedes et Charles ont soutenu ce plan, mais ont échoué dans son exécution.

Mercedes i Charles poparli ten plan, ale nie udało im się go zrealizować.

Leur lourd traîneau et leur manque de compétences rendaient la progression presque impossible.

Ciężkie sanie i brak umiejętności sprawiały, że postęp był niemal niemożliwy.

Il était facile de donner moins de nourriture, mais impossible de forcer plus d'efforts.

Łatwo było dać mniej jedzenia, ale wymuszenie większego wysiłku było niemożliwe.

Ils ne pouvaient pas commencer plus tôt, ni voyager pendant des heures supplémentaires.

Nie mogli zacząć wcześniej, ani podróżować dłużej.

Ils ne savaient pas comment travailler les chiens, ni eux-mêmes d'ailleurs.

Nie wiedzieli, jak pracować z psami, ani z samymi sobą.

Le premier chien à mourir était Dub, le voleur malchanceux mais travailleur.

Pierwszym psem, który zginął, był Dub, pechowy, ale pracowity złodziej.

Bien que souvent puni, Dub avait fait sa part sans se plaindre.

Choć Dub był często karany, nie narzekał i zawsze dokładał starań.

Son épaule blessée s'est aggravée sans qu'il soit nécessaire de prendre soin de lui et de se reposer.

Kontuzja jego ramienia pogarszała się, gdy nie dbał o nią ani nie potrzebował odpoczynku.

Finalement, Hal a utilisé le revolver pour mettre fin aux souffrances de Dub.

Na koniec Hal użył rewolweru, by zakończyć cierpienie Duba.

Un dicton courant dit que les chiens normaux meurent à cause des rations de husky.

Popularne powiedzenie głosi, że normalne psy umierają na racjach husky.

Les six nouveaux compagnons de Buck n'avaient que la moitié de la part de nourriture du husky.

Sześcioro nowych towarzyszy Bucka miało tylko połowę porcji pożywienia, jaką miał husky.

Le Terre-Neuve est mort en premier, puis les trois braques à poil court.

Najpierw zginął nowofundland, potem trzy krótkowłose pointery.

Les deux bâtards résistèrent plus longtemps mais finirent par périr comme les autres.

Oba kundle wytrzymały dłużej, ale w końcu zginęły, tak jak reszta.

À cette époque, toutes les commodités et la douceur du Southland avaient disparu.

W tym czasie wszelkie udogodnienia i łagodność Południa już dawno zniknęły.

Les trois personnes avaient perdu les dernières traces de leur éducation civilisée.

Te trzy osoby pozbyły się ostatnich śladów cywilizowanego wychowania.

Dépouillé de glamour et de romantisme, le voyage dans l'Arctique est devenu brutalement réel.

Pozbawiona blasku i romantyzmu podróż na Arktykę stała się brutalnie realna.

C'était une réalité trop dure pour leur sens de la virilité et de la féminité.

Była to rzeczywistość zbyt surowa dla ich poczucia męskości i kobiecości.

Mercedes ne pleurait plus pour les chiens, mais maintenant elle pleurait seulement pour elle-même.

Mercedes nie płakała już nad psami, ale teraz płakała już tylko nad sobą.

Elle passait son temps à pleurer et à se disputer avec Hal et Charles.

Spędzała czas na płaczu i kłótniach z Halem i Charlesem.

Se disputer était la seule chose qu'ils n'étaient jamais trop fatigués de faire.

Kłótnie były jedyną rzeczą, której nigdy nie byli zbyt zmęczeni.

Leur irritabilité provenait de la misère, grandissait avec elle et la surpassait.

Ich drażliwość wynikała z nieszczęścia, rosła wraz z nim i przewyższała je.

La patience du sentier, connue de ceux qui peinent et souffrent avec bienveillance, n'est jamais venue.

Cierpliwość szlaku, znana tym, którzy ciężko pracują i cierpią z życzliwością, nigdy nie nadeszła.

Cette patience, qui garde la parole douce malgré la douleur, leur était inconnue.

Ta cierpliwość, która pozwala zachować słodycz mowy pomimo bólu, była im nieznana.

Ils n'avaient aucune trace de patience, aucune force tirée de la souffrance avec grâce.

Nie było w nich ani krzty cierpliwości, żadnej siły czerpanej z cierpienia z wdzięcznością.

Ils étaient raides de douleur : leurs muscles, leurs os et leur cœur étaient douloureux.

Byli zesztywniali z bólu – bolały ich mięśnie, kości i serca.

À cause de cela, ils devinrent acerbes et prompts à prononcer des paroles dures.

Z tego powodu stali się ostrzy w języku i skorzy do używania ostrych słów.

Chaque jour commençait et se terminait par des voix en colère et des plaintes amères.

Każdy dzień zaczynał się i kończył gniewnymi głosami i gorzkimi skargami.

Charles et Hal se disputaient chaque fois que Mercedes leur en donnait l'occasion.

Charles i Hal kłócili się za każdym razem, gdy Mercedes dawała im szansę.

Chaque homme estimait avoir fait plus que sa juste part du travail.

Każdy z mężczyzn uważał, że wykonał więcej niż jego uczciwy przydział pracy.

Aucun des deux n'a jamais manqué une occasion de le dire, encore et encore.

Żadne z nich nigdy nie przegapiło okazji, żeby to powiedzieć raz po raz.

Parfois, Mercedes se rangeait du côté de Charles, parfois du côté de Hal.

Czasami Mercedes stawała po stronie Charlesa, czasami po stronie Hala.

Cela a conduit à une grande et interminable querelle entre les trois.

Doprowadziło to do wielkiej i niekończącej się kłótni między tą trójką.

Une dispute sur la question de savoir qui devait couper le bois de chauffage est devenue incontrôlable.

Spór o to, kto powinien rąbać drewno na opał, wymknął się spod kontroli.

Bientôt, les pères, les mères, les cousins et les parents décédés ont été nommés.

Wkrótce zaczęto podawać nazwiska ojców, matek, kuzynów i zmarłych krewnych.

Les opinions de Hal sur l'art ou les pièces de son oncle sont devenues partie intégrante du combat.

Poglądy Hala na sztukę i sztuki jego wuja stały się częścią walki.

Les convictions politiques de Charles sont également entrées dans le débat.

Poglądy polityczne Karola również stały się przedmiotem debaty.

Pour Mercedes, même les ragots de la sœur de son mari semblaient pertinents.

Nawet plotki siostry jej męża wydawały się Mercedes istotne.

Elle a exprimé son opinion sur ce sujet et sur de nombreux défauts de la famille de Charles.

Wyraziła swoją opinię na ten temat, jak również na temat wielu wad rodziny Charlesa.

Pendant qu'ils se disputaient, le feu restait éteint et le camp à moitié monté.

Podczas gdy się kłócili, ognisko pozostało zgaszone, a obóz był w połowie gotowy.

Pendant ce temps, les chiens restaient froids et sans nourriture.

Tymczasem psy pozostawały zmarznięte i bez jedzenia.

Mercedes avait un grief qu'elle considérait comme profondément personnel.

Mercedes miała żal, który uważała za głęboko osobisty.

Elle se sentait maltraitée en tant que femme, privée de ses doux privilèges.

Czuła się źle traktowana jako kobieta, pozbawiona delikatnych przywilejów.

Elle était jolie et douce, et habituée à la chevalerie toute sa vie.

Była ładna i delikatna, i od zawsze przyzwyczajona do rycerskości.

Mais son mari et son frère la traitaient désormais avec impatience.

Jednak jej mąż i brat zaczęli ją niecierpliwie traktować.

Elle avait pour habitude d'agir comme si elle était impuissante, et ils commencèrent à se plaindre.

Miała w zwyczaju zachowywać się bezradnie, więc zaczęli się skarżyć.

Offensée par cela, elle leur rendit la vie encore plus difficile.

Obrażona tym, jeszcze bardziej utrudniła im życie.

Elle a ignoré les chiens et a insisté pour conduire elle-même le traîneau.

Zignorowała psy i upierała się, że sama pojedzie na saniach.

Bien que légère en apparence, elle pesait cent vingt livres.

Choć wyglądała na drobną, ważyła sto dwadzieścia funtów.

Ce fardeau supplémentaire était trop lourd pour les chiens affamés et faibles.

Ten dodatkowy ciężar był zbyt duży dla wygłodniałych i słabych psów.

Elle a continué à monter pendant des jours, jusqu'à ce que les chiens s'effondrent sous les rênes.

Mimo to jechała jeszcze przez wiele dni, aż psy opadły z sił.

Le traîneau s'arrêta et Charles et Hal la supplièrent de marcher.

Sanie stały w miejscu, a Charles i Hal błagali ją, żeby poszła pieszo.

Ils la supplièrent et la supplièrent, mais elle pleura et les traita de cruels.

Błagali i prosili, ale ona płakała i nazywała ich okrutnymi.

À une occasion, ils l'ont tirée du traîneau avec force et colère.

Pewnego razu ściągnęli ją z sań siłą i złością.

Ils n'ont plus jamais essayé après ce qui s'est passé cette fois-là.

Po tym, co się wydarzyło, nigdy więcej nie próbowali.

Elle devint molle comme un enfant gâté et s'assit dans la neige.

Zwiotczała jak rozpieszczone dziecko i usiadła na śniegu.

Ils continuèrent leur chemin, mais elle refusa de se lever ou de les suivre.

Poszli dalej, ale ona nie chciała wstać ani pójść za nią.

Après trois milles, ils s'arrêtèrent, revinrent et la ramenèrent.

Po trzech milach zatrzymali się, zawrócili i zanieśli ją z powrotem.

Ils l'ont rechargée sur le traîneau, en utilisant encore une fois la force brute.

Ponownie załadowali ją na sanie, znów używając brutalnej siły.

Dans leur profonde misère, ils étaient insensibles à la souffrance des chiens.

W swej głębokiej rozpaczy nie tolerowali cierpienia psów.

Hal croyait qu'il fallait s'endurcir et il a imposé cette croyance aux autres.

Hal uważał, że trzeba się zahartować i narzucał to przekonanie innym.

Il a d'abord essayé de prêcher sa philosophie à sa sœur

Najpierw próbował przekazać swoją filozofię siostrze

et puis, sans succès, il prêcha à son beau-frère.

a potem, bez powodzenia, wygłosił kazanie swemu szwagrowi.

Il a eu plus de succès avec les chiens, mais seulement parce qu'il leur a fait du mal.

Odnosił większe sukcesy z psami, ale tylko dlatego, że robił im krzywdę.

Chez Five Fingers, la nourriture pour chiens est complètement épuisée.

W Five Fingers całkowicie zabrakło karmy dla psów.

Une vieille squaw édentée a vendu quelques kilos de peau de cheval congelée

Bezzębna stara kobieta sprzedała kilka funtów zamrożonej skóry końskiej

Hal a échangé son revolver contre la peau de cheval séchée.

Hal wymienił swój rewolwer na wysuszoną skórę końską.

La viande provenait de chevaux affamés d'éleveurs de bétail des mois auparavant.

Mięso pochodziło od wygłodzonych koni hodowców bydła wiele miesięcy wcześniej.

Gelée, la peau était comme du fer galvanisé ; dure et immangeable.

Zamrożona skóra przypominała ocynkowane żelazo; była twarda i niejadalna.

Les chiens devaient mâcher la peau sans fin pour la manger.

Psy musiały bez końca gryźć skórę, żeby ją zjeść.

Mais les cordes en cuir et les cheveux courts n'étaient guère une nourriture.

Jednakże sztywne sznurki i krótkie włosy nie stanowiły żadnego pożywienia.

La majeure partie de la peau était irritante et ne constituait pas véritablement de la nourriture.

Większość skóry była drażniąca i nie nadawała się do jedzenia w prawdziwym tego słowa znaczeniu.

Et pendant tout ce temps, Buck titubait en tête, comme dans un cauchemar.

A przez cały ten czas Buck zataczał się na czele, jak w koszmarze.

Il tirait quand il le pouvait ; quand il ne le pouvait pas, il restait allongé jusqu'à ce qu'un fouet ou un gourdin le relève.

Gdy mógł, ciągnął; gdy nie mógł, leżał, dopóki nie podniósł go bat lub pałka.

Son pelage fin et brillant avait perdu toute sa rigidité et son éclat d'autrefois.

Jego piękna, błyszcząca sierść straciła całą sztywność i połysk, jakie miała kiedyś.

Ses cheveux pendaient, mous, en bataille et coagulés par le sang séché des coups.

Jego włosy były oklapnięte, potargane i sklejone zaschniętą krwią od uderzeń.

Ses muscles se sont réduits à l'état de cordes et ses coussinets de chair étaient tous usés.

Jego mięśnie skurczyły się do rozmiarów strun głosowych, a poduszki skórne uległy zniszczeniu.

Chaque côte, chaque os apparaissait clairement à travers les plis de la peau ridée.

Każde żebro, każda kość były wyraźnie widoczne przez fałdy pomarszczonej skóry.

C'était déchirant, mais le cœur de Buck ne pouvait pas se briser.

To było rozdzierające serce, jednak serce Bucka nie mogło pęknąć.

L'homme au pull rouge avait testé cela et l'avait prouvé il y a longtemps.

Mężczyzna w czerwonym swetrze sprawdził to i udowodnił to dawno temu.

Comme ce fut le cas pour Buck, ce fut le cas pour tous ses coéquipiers restants.

Podobnie było z Buckiem, tak też było ze wszystkimi jego pozostałymi kolegami z drużyny.

Il y en avait sept au total, chacun étant un squelette ambulant de misère.

Było ich w sumie siedem i każdy z nich był chodzącym szkieletem nieszczęścia.

Ils étaient devenus insensibles au fouet, ne ressentant qu'une douleur lointaine.

Stali się nieczuli na chłostę, czuli jedynie odległy ból.

Même la vue et le son leur parvenaient faiblement, comme à travers un épais brouillard.

Nawet wzrok i słuch docierały do nich słabo, jakby przez gęstą mgłę.

Ils n'étaient pas à moitié vivants : c'étaient des os avec de faibles étincelles à l'intérieur.

Nie były w połowie żywe – to były kości, w których środku tliły się słabe iskry.

Lorsqu'ils s'arrêtèrent, ils s'effondrèrent comme des cadavres, leurs étincelles presque éteintes.

Gdy się zatrzymali, upadli jak trupy, a ich iskry niemal zgasły.

Et lorsque le fouet ou le gourdin frappaient à nouveau, les étincelles voltigeaient faiblement.

A gdy bicz lub maczuga uderzyły ponownie, iskry trzepotały słabo.

Puis ils se levèrent, titubèrent en avant et traînèrent leurs membres en avant.

Następnie podnieśli się, zatoczyli do przodu i pociągnęli kończyny do przodu.

Un jour, le gentil Billee tomba et ne put plus se relever du tout.

Pewnego dnia miły Billee upadł i nie mógł już się podnieść.

Hal avait échangé son revolver, alors il a utilisé une hache pour tuer Billee à la place.

Hal oddał swój rewolwer, więc zabił Billee'ego siekierą.

Il le frappa à la tête, puis lui coupa le corps et le traîna.

Uderzył go w głowę, po czym uwolnił ciało i odciągnął.

Buck vit cela, et les autres aussi ; ils savaient que la mort était proche.

Buck to zobaczył, podobnie jak pozostali. Wiedzieli, że śmierć jest bliska.

Le lendemain, Koona partit, ne laissant que cinq chiens dans l'équipe affamée.

Następnego dnia Koona odszedł, pozostawiając w wygłodzonej grupie tylko pięć psów.

Joe, qui n'était plus méchant, était trop loin pour se rendre compte de quoi que ce soit.

Joe nie był już taki zły, był już tak daleko posunięty, że nie był świadomy niczego.

Pike, ne faisant plus semblant d'être blessé, était à peine conscient.

Pike nie udawał już urazu i był ledwie przytomny.

Solleks, toujours fidèle, se lamentait de ne plus avoir de force à donner.

Solleks, nadal wierny, żałował, że nie ma siły, by dawać.

Teek a été le plus battu parce qu'il était plus frais, mais qu'il s'estompait rapidement.

Teek został pobity najbardziej, bo był bardziej wypoczęty, ale szybko słabł.

Et Buck, toujours en tête, ne maintenait plus l'ordre ni ne le faisait respecter.

A Buck, wciąż na czele, nie utrzymywał już porządku i nie egzekwował go.

À moitié aveugle à cause de sa faiblesse, Buck suivit la piste au toucher seul.

Półślepy i osłabiony Buck podążał szlakiem, kierując się wyłącznie wyczuciem.

C'était un beau temps printanier, mais aucun d'entre eux ne l'a remarqué.

Pogoda była piękna, wiosenna, ale nikt tego nie zauważył.

Chaque jour, le soleil se levait plus tôt et se couchait plus tard qu'avant.

Każdego dnia słońce wschodziło wcześniej i zachodziło później niż poprzednio.

À trois heures du matin, l'aube était arrivée ; le crépuscule durait jusqu'à neuf heures.

O trzeciej nad ranem nastał świt, zmierzch trwał do dziewiątej.

Les longues journées étaient remplies du plein soleil printanier.

Długie dni wypełnione były pełnym blaskiem wiosennego słońca.

Le silence fantomatique de l'hiver s'était transformé en un murmure chaleureux.

Upiorna cisza zimy zmieniła się w ciepły pomruk.

Toute la terre s'éveillait, animée par la joie des êtres vivants.

Cała kraina budziła się, tętniąc radością życia.

Le bruit provenait de ce qui était resté mort et immobile pendant l'hiver.

Dźwięk dochodził z tego, co leżało martwe i nieruchome przez całą zimę.

Maintenant, ces choses bougeaient à nouveau, secouant le long sommeil de gel.

Teraz te rzeczy znów się poruszyły, otrząsając się z długiego, mroźnego snu.

La sève montait à travers les troncs sombres des pins en attente.

Sok unosił się z ciemnych pni oczekujących sosen.

Les saules et les trembles font apparaître de jeunes bourgeons brillants sur chaque brindille.

Na każdej gałązce wierzby i osiki pojawiają się jasne, młode pąki.

Les arbustes et les vignes se parent d'un vert frais tandis que les bois prennent vie.

Krzewy i winorośle pokryły się świeżą zielenią, a las ożył.

Les grillons chantaient la nuit et les insectes rampaient au soleil.

W nocy cykały świerszcze, a w dziennym słońcu przechadzały się owady.

Les perdrix résonnaient et les pics frappaient profondément dans les arbres.

Kuropatwy brzęczały, a dzięcioły pukały głęboko w drzewa.

Les écureuils bavardaient, les oiseaux chantaient et les oies klaxonnaient au-dessus des chiens.

Wiewiórki szczebiotały, ptaki śpiewały, a gęsi gęgały nad psami.

Les oiseaux sauvages arrivaient en groupes serrés, volant vers le haut depuis le sud.

Dzikie ptactwo nadlatywało z południa w ostrych grupach.

De chaque colline venait la musique des ruisseaux cachés et impétueux.

Z każdego zbocza wzgórza dobiegała muzyka ukrytych, rwących strumieni.

Toutes choses ont dégelé et se sont brisées, se sont pliées et ont repris leur mouvement.

Wszystko rozmroziło się, pękło, wygięło i znów zaczęło się poruszać.

Le Yukon s'efforçait de briser les chaînes de froid de la glace gelée.

Jukon z trudem przełamywał łańcuchy zimna zamarzniętego lodu.

La glace fondait en dessous, tandis que le soleil la faisait fondre par le dessus.

Lód pod spodem topił się, a słońce topiło go od góry.

Des trous d'aération se sont ouverts, des fissures se sont propagées et des morceaux sont tombés dans la rivière.

Powstały otwory wentylacyjne, pęknięcia się rozprzestrzeniły, a kawałki ziemi spadły do rzeki.

Au milieu de toute cette vie débordante et flamboyante, les voyageurs titubaient.

Pośród tego całego tętniącego i płonącego życia, podróżni zataczali się.

Deux hommes, une femme et une meute de huskies marchaient comme des morts.

Dwóch mężczyzn, kobieta i stado husky poruszali się jak zabici.

Les chiens tombaient, Mercedes pleurait, mais continuait à conduire le traîneau.

Psy padały, Mercedes płakała, ale nadal jechała na saniach.

Hal jura faiblement et Charles cligna des yeux à travers ses yeux larmoyants.

Hal zaklął słabo, a Charles zamrugał, mając załzawione oczy.

Ils tombèrent sur le camp de John Thornton à l'embouchure de la rivière White.

Natknęli się na obóz Johna Thorntona przy ujściu White River.

Lorsqu'ils s'arrêtèrent, les chiens s'effondrèrent, comme s'ils étaient tous morts.

Gdy się zatrzymali, psy padły płasko, jakby wszystkie zostały
śmiertelnie ranne.

Mercedes essuya ses larmes et regarda John Thornton.

Mercedes otarła łzy i spojrzała na Johna Thorntona.

**Charles s'assit sur une bûche, lentement et raidement,
souffrant du sentier.**

Charles siedział powoli i sztywno na kłodzie, obolały po
wędrówce.

**Hal parlait pendant que Thornton sculptait l'extrémité d'un
manche de hache.**

Hal mówił, podczas gdy Thornton rzeźbił koniec trzonka
topora.

**Il taillait du bois de bouleau et répondait par des réponses
brèves et fermes.**

Strugał drewno brzozowe i odpowiadał krótko, lecz
stanowczo.

**Lorsqu'on lui a demandé son avis, il a donné des conseils,
certain qu'ils ne seraient pas suivis.**

Gdy go o to poproszono, udzielił rady, będąc pewnym, że ta
nie zostanie zastosowana.

**Hal a expliqué : « Ils nous ont dit que la glace du sentier
disparaissait. »**

Hal wyjaśnił: „Powiedzieli nam, że lód na szlaku odpada".

**« Ils ont dit que nous devions rester sur place, mais nous
sommes arrivés à White River. »**

„Powiedzieli, że powinniśmy zostać, ale dotarliśmy do White
River."

**Il a terminé sur un ton moqueur, comme pour crier victoire
dans les difficultés.**

Zakończył szyderczym tonem, jakby chciał ogłosić
zwycięstwo w trudnościach.

**« Et ils t'ont dit la vérité », répondit doucement John
Thornton à Hal.**

„I powiedzieli ci prawdę" – John Thornton odpowiedział
Halowi cicho.

**« La glace peut céder à tout moment, elle est prête à tomber.
»**

„Lód może runąć w każdej chwili — jest gotowy odpaść".

« Seuls un peu de chance et des imbéciles ont pu arriver jusqu'ici en vie. »

„Tylko ślepy los i głupcy mogli przeżyć tak długą drogę".

« Je vous le dis franchement, je ne risquerais pas ma vie pour tout l'or de l'Alaska. »

„Mówię szczerze, nie zaryzykowałbym życia za całe złoto Alaski".

« C'est parce que tu n'es pas un imbécile, je suppose », répondit Hal.

„Myślę, że to dlatego, że nie jesteś głupcem" – odpowiedział Hal.

« Tout de même, nous irons à Dawson. » Il déroula son fouet.

„Tak czy inaczej, pójdziemy do Dawson." Rozwinął swój bicz.

« Monte là-haut, Buck ! Salut ! Debout ! Vas-y ! » cria-t-il durement.

„Wstawaj, Buck! Cześć! Wstawaj! No dalej!" krzyknął ostro.

Thornton continuait à tailler, sachant que les imbéciles n'entendraient pas la raison.

Thornton kontynuował pracę, wiedząc, że głupcy nie usłuchają głosu rozsądku.

Arrêter un imbécile était futile, et deux ou trois imbéciles ne changeaient rien.

Zatrzymanie głupca było daremne — a dwóch lub trzech głupców niczego nie zmieniło.

Mais l'équipe n'a pas bougé au son de l'ordre de Hal.

Jednak drużyna nie ruszyła się na dźwięk rozkazu Hala.

Désormais, seuls les coups pouvaient les faire se relever et avancer.

Teraz już tylko ciosy mogły ich zmusić do podniesienia się i ruszenia naprzód.

Le fouet claquait encore et encore sur les chiens affaiblis.

Bat raz po raz smagał osłabione psy.

John Thornton serra fermement ses lèvres et regarda en silence.

John Thornton zacisnął mocno usta i obserwował w milczeniu.

Solleks fut le premier à se relever sous le fouet.

Solleks jako pierwszy podniósł się na nogi po uderzeniu batem.

Puis Teek le suivit, tremblant. Joe poussa un cri en se relevant.

Potem Teek podążył za nim, drżąc. Joe krzyknął, gdy się potykał.

Pike a essayé de se relever, a échoué deux fois, puis est finalement resté debout, chancelant.

Pike próbował się podnieść, dwukrotnie mu się nie udało, po czym w końcu stanął chwiejnie.

Mais Buck resta là où il était tombé, sans bouger du tout cette fois.

Natomiast Buck leżał tam, gdzie upadł i tym razem w ogóle się nie ruszał.

Le fouet le frappait à plusieurs reprises, mais il ne faisait aucun bruit.

Bicz uderzał go raz po raz, ale nie wydawał żadnego dźwięku.

Il n'a pas bronché ni résisté, il est simplement resté immobile et silencieux.

Nie drgnął ani nie stawiał oporu, po prostu pozostał nieruchomy i cichy.

Thornton remua plus d'une fois, comme pour parler, mais ne le fit pas.

Thornton poruszył się kilkakrotnie, jakby chciał coś powiedzieć, ale tego nie zrobił.

Ses yeux s'humidifièrent, et le fouet continuait à claquer contre Buck.

Jego oczy zrobiły się wilgotne, a bat nadal trzaskał o Bucka.

Finalement, Thornton commença à marcher lentement, ne sachant pas quoi faire.

W końcu Thornton zaczął powoli przechadzać się po pokoju, niepewny, co robić.

C'était la première fois que Buck échouait, et Hal devint furieux.

To była pierwsza porażka Bucka i Hal wpadł we wściekłość.

Il a jeté le fouet et a pris la lourde massue à la place.

Odrzucił bat i zamiast niego podniósł ciężki kij.

Le club en bois s'abattit violemment, mais Buck ne se releva toujours pas pour bouger.

Drewniany kij uderzył mocno, ale Buck nadal nie podniósł się, by wykonać jakiś ruch.

Comme ses coéquipiers, il était trop faible, mais plus que cela.

Podobnie jak jego koledzy z drużyny, był zbyt słaby, ale to nie wszystko.

Buck avait décidé de ne pas bouger, quoi qu'il arrive.

Buck postanowił nie ruszać się, bez względu na to, co miało nastąpić.

Il sentait quelque chose de sombre et de certain planer juste devant lui.

Wyczuł coś mrocznego i pewnego, co czaiło się tuż przed nim.

Cette peur l'avait saisi dès qu'il avait atteint la rive du fleuve.

Strach ogarnął go, gdy tylko dotarł do brzegu rzeki.

Cette sensation ne l'avait pas quitté depuis qu'il sentait la glace s'amincir sous ses pattes.

Uczucie to nie opuściło go, odkąd poczuł, że lód pod jego łapami staje się cienki.

Quelque chose de terrible l'attendait – il le sentait juste au bout du sentier.

Czekało na niego coś strasznego – wyczuł to tuż na szlaku.

Il n'allait pas marcher vers cette terrible chose devant lui.

Nie miał zamiaru iść w kierunku tej strasznej rzeczy, która go czekała

Il n'allait pas obéir à un quelconque ordre qui le conduirait à cette chose.

Nie miał zamiaru wykonywać żadnego polecenia, które doprowadziłoby go do tego miejsca.

La douleur des coups ne l'atteignait plus guère, il était trop loin.

Ból zadawanych ciosów już go prawie nie dotykał – był już w zbyt złym stanie.

L'étincelle de vie vacillait faiblement, s'affaiblissant sous chaque coup cruel.

Iskra życia tliła się słabo, przygasała pod każdym okrutnym uderzeniem.

Ses membres semblaient lointains ; tout son corps semblait appartenir à un autre.

Jego kończyny wydawały się odległe; całe ciało zdawało się należeć do kogoś innego.

Il ressentit un étrange engourdissement alors que la douleur disparaissait complètement.

Poczuł dziwne odrętwienie, a ból całkowicie ustąpił.

De loin, il sentait qu'il était battu, mais il le savait à peine.

Już z daleka wyczuwał, że jest bity, lecz nie zdawał sobie z tego sprawy.

Il pouvait entendre les coups sourds faiblement, mais ils ne faisaient plus vraiment mal.

Słyszał słabe odgłosy, ale już nie sprawiały prawdziwego bólu.

Les coups ont porté, mais son corps ne semblait plus être le sien.

Ciosy spadły, ale jego ciało nie przypominało już jego własnego.

Puis, soudain, sans prévenir, John Thornton poussa un cri sauvage.

Nagle, bez ostrzeżenia, John Thornton wydał dziki krzyk.

C'était inarticulé, plus le cri d'une bête que celui d'un homme.

Głos był niewyraźny, przypominał raczej krzyk zwierzęcia niż człowieka.

Il sauta sur l'homme avec la massue et renversa Hal en arrière.

Skoczył na mężczyznę z pałką i odrzucił Hala do tyłu.

Hal vola comme s'il avait été frappé par un arbre, atterrissant durement sur le sol.

Hal poleciał, jakby uderzyło go drzewo, i twardo wylądował na ziemi.

Mercedes a crié de panique et s'est agrippée au visage.

Mercedes krzyknęła głośno w panice i złapała się za twarz.

Charles se contenta de regarder, s'essuya les yeux et resta assis.

Charles tylko patrzył, otarł oczy i pozostał na miejscu.

Son corps était trop raide à cause de la douleur pour se lever ou aider au combat.

Jego ciało było zbyt sztywne z bólu, aby mógł wstać i wziąć udział w walce.

Thornton se tenait au-dessus de Buck, tremblant de fureur, incapable de parler.

Thornton stanął nad Buckiem, trzęsąc się ze złości i niezdolny wykrztusić słowa.

Il tremblait de rage et luttait pour trouver sa voix à travers elle.

Trząsł się ze złości i walczył, żeby przebić się przez nią.

« Si tu frappes encore ce chien, je te tue », dit-il finalement.

„Jeśli jeszcze raz uderzysz tego psa, zabiję cię" – powiedział w końcu.

Hal essuya le sang de sa bouche et s'avança à nouveau.

Hal otarł krew z ust i ponownie wyszedł naprzód.

« C'est mon chien », murmura-t-il. « Dégage, ou je te répare. »

„To mój pies" – mruknął. „Zejdź mi z drogi, albo cię naprawię".

« Je vais à Dawson, et vous ne m'en empêcherez pas », a-t-il ajouté.

„Idę do Dawson i nie możesz mnie powstrzymać" – dodał.

Thornton se tenait fermement entre Buck et le jeune homme en colère.

Thornton stanął twardo między Buckiem a wściekłym młodym mężczyzną.

Il n'avait aucune intention de s'écarter ou de laisser passer Hal.

Nie miał zamiaru ustąpić ani pozwolić Halowi przejść.

Hal sortit son couteau de chasse, long et dangereux à la main.

Hal wyciągnął swój nóż myśliwski, długi i niebezpieczny w dłoni.

Mercedes a crié, puis pleuré, puis ri dans une hystérie sauvage.

Mercedes krzyknęła, rozpłakała się, a następnie roześmiała się histerycznie.

Thornton frappa la main de Hal avec le manche de sa hache, fort et vite.

Thornton uderzył Hala w rękę trzonkiem topora, mocno i szybko.

Le couteau s'est détaché de la main de Hal et a volé au sol.

Nóż wypadł Halowi z ręki i upadł na ziemię.

Hal essaya de ramasser le couteau, et Thornton frappa à nouveau ses jointures.

Hal spróbował podnieść nóż, a Thornton ponownie uderzył go w knykcie.

Thornton se baissa alors, attrapa le couteau et le tint.

Wtedy Thornton pochylił się, chwycił nóż i trzymał go.

D'un coup rapide de manche de hache, il coupa les rênes de Buck.

Dwoma szybkimi cięciami trzonka topora przeciął wodze Bucka.

Hal n'avait plus aucune résistance et s'éloigna du chien.

Hal nie miał już sił do walki i odsunął się od psa.

De plus, Mercedes avait désormais besoin de ses deux bras pour se maintenir debout.

Poza tym Mercedes potrzebowała teraz obu rąk, żeby utrzymać się w pozycji pionowej.

Buck était trop proche de la mort pour pouvoir à nouveau tirer un traîneau.

Buck był już zbyt bliski śmierci, by nadawać się do ciągnięcia sań.

Quelques minutes plus tard, ils se sont retirés et ont descendu la rivière.

Kilka minut później wypłynęli i skierowali się w dół rzeki.

Buck leva faiblement la tête et les regarda quitter la banque.

Buck słabo podniósł głowę i patrzył, jak opuszczają bank.

Pike a mené l'équipe, avec Solleks à l'arrière dans la roue.

Pike przewodził zespołowi, a Solleks jechał z tyłu, na pozycji koła.

Joe et Teek marchaient entre eux, tous deux boitant d'épuisement.

Joe i Teek szli pomiędzy nimi, obaj utykając ze zmęczenia.

Mercedes s'assit sur le traîneau et Hal saisit le long mât.

Mercedes usiadła na saniach, a Hal chwycił długi drążek sterowniczy.

Charles trébuchait derrière, ses pas maladroits et incertains.

Charles potknął się i szedł za nim niezdarnie i niepewnie.

Thornton s'agenouilla près de Buck et chercha doucement des os cassés.

Thornton uklęknął obok Bucka i delikatnie sprawdził, czy nie ma złamanych kości.

Ses mains étaient rudes mais bougeaient avec gentillesse et attention.

Jego dłonie były szorstkie, ale poruszały się z życzliwością i troską.

Le corps de Buck était meurtri mais ne présentait aucune blessure durable.

Ciało Bucka było posiniaczone, jednak nie miało żadnych poważnych obrażeń.

Ce qui restait, c'était une faim terrible et une faiblesse quasi totale.

Pozostał okropny głód i niemal całkowite osłabienie.

Au moment où cela fut clair, le traîneau était déjà loin en aval.

Kiedy wszystko stało się jasne, sanie były już daleko w dół rzeki.

L'homme et le chien regardaient le traîneau ramper lentement sur la glace fissurée.

Mężczyzna i pies obserwowali, jak sanie powoli suną po pękającym lodzie.

Puis, ils virent le traîneau s'enfoncer dans un creux.

Potem zobaczyli, że sanie zapadły się w zagłębienie.

Le mât s'est envolé, Hal s'y accrochant toujours en vain.

Słupek z wiatrem poleciał w górę, a Hal wciąż kurczowo się go trzymał, ale bezskutecznie.

Le cri de Mercedes les atteignit à travers la distance froide.

Krzyk Mercedes dotarł do nich przez zimną dal.

Charles se retourna et recula, mais il était trop tard.

Charles odwrócił się i cofnął, ale było już za późno.

Une calotte glaciaire entière a cédé et ils sont tous tombés à travers.

Cała pokrywa lodowa pękła i wszystkie wpadły do środka.

Les chiens, le traîneau et les gens ont disparu dans l'eau noire en contrebas.

Psy, sanie i ludzie zniknęli w czarnej wodzie poniżej.

Il ne restait qu'un large trou dans la glace là où ils étaient passés.

W miejscu, gdzie przejechali, w lodzie pozostała tylko szeroka dziura.

Le fond du sentier s'était affaissé, comme Thornton l'avait prévenu.

Dno szlaku zapadło się – dokładnie tak, jak ostrzegał Thornton.

Thornton et Buck se regardèrent, silencieux pendant un moment.

Thornton i Buck spojrzeli po sobie i przez chwilę milczeli.

« Pauvre diable », dit doucement Thornton, et Buck lui lécha la main.

„Biedaku" – powiedział cicho Thornton, a Buck polizał go po ręce.

Pour l'amour d'un homme
Z miłości do mężczyzny

John Thornton s'est gelé les pieds dans le froid du mois de décembre précédent.
John Thornton zamarzł w grudniu z powodu zimna.

Ses partenaires l'ont mis à l'aise et l'ont laissé se rétablir seul.
Jego partnerzy zapewnili mu wygodę i pozostawili, aby sam doszedł do siebie.

Ils remontèrent la rivière pour rassembler un radeau de billes de bois pour Dawson.
Popłynęli w górę rzeki, aby zebrać tratwę pełną kłód drewna dla Dawsona.

Il boitait encore légèrement lorsqu'il a sauvé Buck de la mort.
Kiedy uratował Bucka przed śmiercią, wciąż lekko utykał.

Mais avec le temps chaud qui continue, même cette boiterie a disparu.
Ale wraz z utrzymującą się ciepłą pogodą, nawet to utykanie zniknęło.

Allongé au bord de la rivière pendant les longues journées de printemps, Buck se reposait.
Buck odpoczywał, leżąc nad brzegiem rzeki podczas długich wiosennych dni.

Il regardait l'eau couler et écoutait les oiseaux et les insectes.
Przyglądał się płynącej wodzie i słuchał ptaków i owadów.

Lentement, Buck reprit ses forces sous le soleil et le ciel.
Buck powoli odzyskiwał siły pod słońcem i niebem.

Un repos merveilleux après avoir parcouru trois mille kilomètres.
Odpoczynek po przebyciu trzech tysięcy mil był wspaniały.

Buck est devenu paresseux à mesure que ses blessures guérissaient et que son corps se remplissait.
Buck stał się leniwy, ponieważ jego rany się goiły, a ciało nabierało objętości.

Ses muscles se raffermirent et la chair revint recouvrir ses os.

Jego mięśnie stały się jędrniejsze, a kości znów pokryły się skórą.

Ils se reposaient tous : Buck, Thornton, Skeet et Nig.

Wszyscy odpoczywali — Buck, Thornton, Skeet i Nig.

Ils attendaient le radeau qui allait les transporter jusqu'à Dawson.

Czekali na tratwę, która miała ich zawieźć do Dawson.

Skeet était un petit setter irlandais qui s'est lié d'amitié avec Buck.

Skeet był małym irlandzkim seterem, który zaprzyjaźnił się z Buckiem.

Buck était trop faible et malade pour lui résister lors de leur première rencontre.

Buck był zbyt słaby i chory, aby stawić jej opór podczas ich pierwszego spotkania.

Skeet avait le trait de guérisseur que certains chiens possèdent naturellement.

Skeet miał naturalną cechę uzdrowiciela, którą posiadają niektóre psy.

Comme une mère chatte, elle lécha et nettoya les blessures à vif de Buck.

Jak matka kotka, lizała i oczyściła otwarte rany Bucka.

Chaque matin, après le petit-déjeuner, elle répétait son travail minutieux.

Każdego ranka po śniadaniu powtarzała swoją skrupulatną pracę.

Buck s'attendait à son aide autant qu'à celle de Thornton.

Buck spodziewał się jej pomocy tak samo, jak oczekiwał pomocy Thorntona.

Nig était également amical, mais moins ouvert et moins affectueux.

Nig również był przyjacielski, ale mniej otwarty i uczuciowy.

Nig était un gros chien noir, à la fois chien de Saint-Hubert et chien de chasse.

Nig był dużym, czarnym psem, mieszańcem charta i charta szkockiego.

Il avait des yeux rieurs et une infinie bonne nature dans son esprit.

Miał śmiejące się oczy i nieskończoną dobroć ducha.

À la surprise de Buck, aucun des deux chiens n'a montré de jalousie envers lui.

Ku zaskoczeniu Bucka, żaden z psów nie okazał zazdrości.

Skeet et Nig ont tous deux partagé la gentillesse de John Thornton.

Zarówno Skeet, jak i Nig dzielili się życzliwością Johna Thorntona.

À mesure que Buck devenait plus fort, ils l'ont attiré dans des jeux de chiens stupides.

Kiedy Buck stawał się silniejszy, wciągali go w głupie, psie zabawy.

Thornton jouait souvent avec eux aussi, incapable de résister à leur joie.

Thornton również często się z nimi bawił, nie potrafiąc oprzeć się ich radości.

De cette manière ludique, Buck est passé de la maladie à une nouvelle vie.

W ten zabawny sposób Buck przeszedł od choroby do nowego życia.

L'amour – un amour véritable, brûlant et passionné – était enfin à lui.

Miłość — prawdziwa, płomienna i namiętna — w końcu była jego.

Il n'avait jamais connu ce genre d'amour dans le domaine de Miller.

Nigdy nie zaznał takiej miłości w posiadłości Millera.

Avec les fils du juge, il avait partagé le travail et l'aventure.

Razem z synami sędziego dzielił pracę i przygody.

Chez les petits-fils, il vit une fierté raide et vantarde.

U wnuków widział sztywną i dumną osobę.

Il entretenait avec le juge Miller lui-même une amitié respectueuse.

Z samym sędzią Millerem łączył go pełen szacunku przyjacielski stosunek.

Mais l'amour qui était feu, folie et adoration est venu avec Thornton.

Ale miłość, która była ogniem, szaleństwem i uwielbieniem, przyszła wraz z Thorntonem.

Cet homme avait sauvé la vie de Buck, et cela seul signifiait beaucoup.

Ten człowiek uratował życie Buckowi, a to już samo w sobie wiele znaczyło.

Mais plus que cela, John Thornton était le type de maître idéal.

Ale co ważniejsze, John Thornton był idealnym mistrzem.

D'autres hommes s'occupaient de chiens par devoir ou par nécessité professionnelle.

Inni mężczyźni opiekowali się psami z powodów służbowych lub zawodowych.

John Thornton prenait soin de ses chiens comme s'ils étaient ses enfants.

John Thornton dbał o swoje psy tak, jakby były jego dziećmi.

Il prenait soin d'eux parce qu'il les aimait et qu'il ne pouvait tout simplement pas s'en empêcher.

Troszczył się o nich, ponieważ ich kochał i po prostu nie potrafił sobie pomóc.

John Thornton a vu encore plus loin que la plupart des hommes n'ont jamais réussi à voir.

John Thornton widział dalej, niż większość ludzi kiedykolwiek zdołała dostrzec.

Il n'oubliait jamais de les saluer gentiment ou de leur adresser un mot d'encouragement.

Nigdy nie zapominał, by ich uprzejmie pozdrowić lub powiedzieć im kilka słów otuchy.

Il adorait s'asseoir avec les chiens pour de longues conversations, ou « gazeuses », comme il disait.

Uwielbiał siadać z psami i prowadzić z nimi długie rozmowy, które, jak sam mówił, były „gazowe".

Il aimait saisir brutalement la tête de Buck entre ses mains fortes.

Lubił mocno chwytać głowę Bucka swoimi silnymi dłońmi.

Puis il posa sa tête contre celle de Buck et le secoua doucement.

Następnie oparł swoją głowę o głowę Bucka i delikatnie nim potrząsnął.

Pendant tout ce temps, il traitait Buck de noms grossiers qui signifiaient de l'amour pour Buck.

Przez cały czas wyzywał Bucka od niegrzecznych określeń, które miały mu oznaczać miłość do niego.

Pour Buck, cette étreinte brutale et ces mots ont apporté une joie profonde.

Dla Bucka ten brutalny uścisk i te słowa sprawiły głęboką radość.

Son cœur semblait se déchaîner de bonheur à chaque mouvement.

Zdawało się, że przy każdym ruchu jego serce drży ze szczęścia.

Lorsqu'il se releva ensuite, sa bouche semblait rire.

Kiedy później podniósł się, jego usta wyglądały, jakby się śmiały.

Ses yeux brillaient et sa gorge tremblait d'une joie inexprimée.

Jego oczy błyszczały, a gardło drżało z niewypowiedzianej radości.

Son sourire resta figé dans cet état d'émotion et d'affection rayonnante.

Jego uśmiech pozostał nieruchomy w tym stanie emocji i promiennego uczucia.

Thornton s'exclama alors pensivement : « Mon Dieu ! Il peut presque parler ! »

Wtedy Thornton zawołał z namysłem: „Boże! On prawie potrafi mówić!"

Buck avait une étrange façon d'exprimer son amour qui causait presque de la douleur.

Buck miał dziwny sposób wyrażania miłości, który niemal sprawiał mu ból.

Il serrait souvent très fort la main de Thornton entre ses dents.

Często mocno ściskał zębami dłoń Thorntona.

La morsure allait laisser des marques profondes qui resteraient un certain temps après.

Ugryzienie pozostawiło głębokie ślady, które miały pozostać widoczne jeszcze przez jakiś czas.

Buck croyait que ces serments étaient de l'amour, et Thornton savait la même chose.

Buck uważał, że te przysięgi są wyrazem miłości, a Thornton wiedział to samo.

Le plus souvent, l'amour de Buck se manifestait par une adoration silencieuse, presque silencieuse.

Najczęściej miłość Bucka wyrażała się w cichej, niemal bezgłośnej adoracji.

Bien qu'il soit ravi lorsqu'on le touche ou qu'on lui parle, il ne cherche pas à attirer l'attention.

Choć był podekscytowany, gdy ktoś go dotykał lub do niego mówił, nie szukał uwagi.

Skeet a poussé son nez sous la main de Thornton jusqu'à ce qu'il la caresse.

Skeet szturchnęła jej nos pod dłoń Thorntona, aż ją pogłaskał.

Nig s'approcha tranquillement et posa sa grosse tête sur le genou de Thornton.

Nig podszedł cicho i oparł swoją dużą głowę na kolanie Thorntona.

Buck, au contraire, se contentait d'aimer à distance respectueuse.

Buck natomiast zadowalał się miłością okazywaną z szacunku na odległość.

Il resta allongé pendant des heures aux pieds de Thornton, alerte et observant attentivement.

Leżał godzinami u stóp Thorntona, czujny i uważnie obserwujący.

Buck étudiait chaque détail du visage de son maître et le moindre mouvement.

Buck przyjrzał się uważnie każdemu szczegółowi twarzy swego pana i najmniejszemu jego ruchowi.

Ou bien il était allongé plus loin, étudiant la silhouette de l'homme en silence.

Albo leżał dalej, w milczeniu studiując sylwetkę mężczyzny.

Buck observait chaque petit mouvement, chaque changement de posture ou de geste.

Buck obserwował każdy najmniejszy ruch, każdą zmianę postawy czy gestu.

Ce lien était si puissant qu'il attirait souvent le regard de Thornton.

To powiązanie było tak silne, że często przyciągało wzrok Thorntona.

Il rencontra les yeux de Buck sans un mot, l'amour brillant clairement à travers.

Spojrzał Buckowi w oczy bez słów, a miłość wyraźnie przez nie przebijała.

Pendant longtemps après avoir été sauvé, Buck n'a jamais laissé Thornton hors de vue.

Przez długi czas po uratowaniu Buck nie spuszczał Thorntona z oczu.

Chaque fois que Thornton quittait la tente, Buck le suivait de près à l'extérieur.

Za każdym razem, gdy Thornton opuszczał namiot, Buck podążał za nim na zewnątrz.

Tous les maîtres sévères du Northland avaient fait que Buck avait peur de faire confiance.

Wszyscy surowi panowie w Północy sprawili, że Buck bał się zaufać.

Il craignait qu'aucun homme ne puisse rester son maître plus d'un court instant.

Obawiał się, że żaden człowiek nie będzie w stanie pozostać jego panem dłużej niż przez krótki czas.

Il craignait que John Thornton ne disparaisse comme Perrault et François.

Obawiał się, że John Thornton zniknie, podobnie jak Perrault i François.

Même la nuit, la peur de le perdre hantait le sommeil agité de Buck.

Nawet w nocy strach przed jego utratą nie dawał spokoju Buckowi.

Quand Buck se réveilla, il se glissa dehors dans le froid et se dirigea vers la tente.

Kiedy Buck się obudził, wyszedł na zimno i poszedł do namiotu.

Il écoutait attentivement le doux bruit de la respiration à l'intérieur.

Uważnie nasłuchiwał cichego odgłosu oddechu w środku.

Malgré l'amour profond de Buck pour John Thornton, la nature sauvage est restée vivante.

Pomimo głębokiej miłości Bucka do Johna Thorntona, dzicz pozostała przy życiu.

Cet instinct primitif, éveillé dans le Nord, n'a pas disparu.

Ten pierwotny instynkt, ożywiony na Północy, nie zniknął.

L'amour a apporté la dévotion, la loyauté et le lien chaleureux du coin du feu.

Miłość przyniosła oddanie, lojalność i ciepłą więź płynącą z ogniska domowego.

Mais Buck a également conservé son instinct sauvage, vif et toujours en alerte.

Ale Buck zachował także swoje dzikie instynkty, ostre i zawsze czujne.

Il n'était pas seulement un animal de compagnie apprivoisé venu des terres douces de la civilisation.

Nie był po prostu oswojonym zwierzęciem domowym z miękkich krain cywilizacji.

Buck était un être sauvage qui était venu s'asseoir près du feu de Thornton.

Buck był dzikim stworzeniem, które przyszło usiąść przy ognisku Thorntona.

Il ressemblait à un chien du Southland, mais la sauvagerie vivait en lui.

Wyglądał jak pies z południa, ale żyła w nim dzikość.

Son amour pour Thornton était trop grand pour permettre de voler cet homme.

Jego miłość do Thorntona była zbyt wielka, aby pozwolić na kradzież tego człowieka.

Mais dans n'importe quel autre camp, il volerait avec audace et sans relâche.

Ale w każdym innym obozie kradłby śmiało i bez zastanowienia.

Il était si habile à voler que personne ne pouvait l'attraper ou l'accuser.

Był tak sprytny w kradzieżach, że nikt nie mógł go złapać ani oskarżyć.

Son visage et son corps étaient couverts de cicatrices dues à de nombreux combats passés.

Jego twarz i ciało pokrywały blizny będące pozostałością po licznych walkach.

Buck se battait toujours avec acharnement, mais maintenant il se battait avec plus de ruse.

Buck nadal walczył zaciekle, ale tym razem wykazał się większą przebiegłością.

Skeet et Nig étaient trop doux pour se battre, et ils appartenaient à Thornton.

Skeet i Nig byli zbyt łagodni, by walczyć, i należeli do Thorntona.

Mais tout chien étranger, aussi fort ou courageux soit-il, cédait.

Ale każdy obcy pies, bez względu na to jak silny czy odważny, ustępował.

Sinon, le chien se retrouvait à lutter contre Buck, à se battre pour sa vie.

W przeciwnym razie pies musiał walczyć z Buckiem; walczyć o swoje życie.

Buck n'a eu aucune pitié une fois qu'il a choisi de se battre contre un autre chien.

Buck nie miał litości, gdy zdecydował się walczyć z innym psem.

Il avait bien appris la loi du gourdin et des crocs dans le Nord.

W Northlandzie dobrze poznał prawo pałki i kła.

Il n'a jamais abandonné un avantage et n'a jamais reculé devant la bataille.

Nigdy nie oddawał przewagi i nigdy nie wycofywał się z walki.

Il avait étudié les Spitz et les chiens les plus féroces de la poste et de la police.

Studiował szpice i najgroźniejsze psy pocztowe i policyjne.

Il savait clairement qu'il n'y avait pas de juste milieu dans un combat sauvage.

Wiedział wyraźnie, że w zaciekłej walce nie ma miejsca na nic pośredniego.

Il doit gouverner ou être gouverné ; faire preuve de miséricorde signifie faire preuve de faiblesse.

Albo ktoś rządzi, albo jest rządzony; okazanie miłosierdzia oznaczało okazanie słabości.

La miséricorde était inconnue dans le monde brut et brutal de la survie.

Miłosierdzie było nieznane w surowym i brutalnym świecie przetrwania.

Faire preuve de miséricorde était perçu comme de la peur, et la peur menait rapidement à la mort.

Okazywanie miłosierdzia było postrzegane jako strach, a strach szybko prowadził do śmierci.

L'ancienne loi était simple : tuer ou être tué, manger ou être mangé.

Stare prawo było proste: zabij albo zostaniesz zabity, zjedz albo zostaniesz zjedzony.

Cette loi venait des profondeurs du temps, et Buck la suivait pleinement.

Prawo to zrodziło się w odległej przeszłości i Buck postępował zgodnie z nim w pełni.

Buck était plus vieux que son âge et que le nombre de respirations qu'il prenait.

Buck był starszy, niż wskazywałby na to jego wiek i liczba oddechów, które wziął.

Il a clairement relié le passé ancien au moment présent.

Wyraźnie powiązał starożytną przeszłość z teraźniejszością.

Les rythmes profonds des âges le traversaient comme les marées.

Głębokie rytmy wieków przenikały go niczym przypływy i odpływy.

Le temps pulsait dans son sang aussi sûrement que les saisons faisaient bouger la terre.

Czas pulsował w jego krwi tak samo, jak pory roku poruszają ziemią.

Il était assis près du feu de Thornton, la poitrine forte et les crocs blancs.

Siedział przy ognisku Thorntona, miał mocną klatkę piersiową i białe kły.

Sa longue fourrure ondulait, mais derrière lui, les esprits des chiens sauvages observaient.

Jego długie futro powiewało, ale za jego plecami obserwowały go duchy dzikich psów.

Des demi-loups et des loups à part entière s'agitaient dans son cœur et dans ses sens.

Półwilki i pełne wilki poruszyły się w jego sercu i zmysłach.

Ils goûtèrent sa viande et burent la même eau que lui.

Spróbowali jego mięsa i wypili tę samą wodę co on.

Ils reniflaient le vent à ses côtés et écoutaient la forêt.

Węszyli razem z nim podmuchy wiatru i słuchali lasu.

Ils murmuraient la signification des sons sauvages dans l'obscurité.

Szeptali znaczenie dzikich dźwięków w ciemności.

Ils façonnaient ses humeurs et guidaient chacune de ses réactions silencieuses.

Kształtowały jego nastroje i kierowały każdą z jego cichych reakcji.

Ils se sont couchés avec lui pendant son sommeil et sont devenus une partie de ses rêves profonds.

Towarzyszyły mu, gdy spał i stały się częścią jego najgłębszych snów.

Ils rêvaient avec lui, au-delà de lui, et constituaient son esprit même.

Śnili razem z nim, poza nim, i stanowili jego samego ducha.

Les esprits de la nature appelèrent si fort que Buck se sentit attiré.

Duchy przyrody wołały tak głośno, że Buck poczuł się przyciągnięty.

Chaque jour, l'humanité et ses revendications s'affaiblissaient dans le cœur de Buck.

Z każdym dniem ludzkość i jej roszczenia słabły w sercu Bucka.

Au plus profond de la forêt, un appel étrange et palpitant allait s'élever.

Głęboko w lesie miało rozlegać się dziwne i ekscytujące wołanie.

Chaque fois qu'il entendait l'appel, Buck ressentait une envie à laquelle il ne pouvait résister.

Za każdym razem, gdy słyszał wołanie, Buck odczuwał potrzebę, której nie potrafił się oprzeć.

Il allait se détourner du feu et des sentiers battus des humains.

Zamierzał odwrócić się od ognia i utartych ludzkich ścieżek.

Il allait s'enfoncer dans la forêt, avançant sans savoir pourquoi.

Zamierzał rzucić się w las, idąc naprzód, nie wiedząc dlaczego.

Il ne remettait pas en question cette attraction, car l'appel était profond et puissant.

Nie kwestionował tego przyciągania, ponieważ zew był głęboki i potężny.

Souvent, il atteignait l'ombre verte et la terre douce et intacte

Często docierał do zielonego cienia i miękkiej, nietkniętej ziemi

Mais ensuite, son amour profond pour John Thornton l'a ramené vers le feu.

Ale wielka miłość do Johna Thorntona znów wciągnęła go w ogień.

Seul John Thornton tenait véritablement le cœur sauvage de Buck entre ses mains.

Tylko John Thornton naprawdę potrafił zapanować nad dzikim sercem Bucka.

Le reste de l'humanité n'avait aucune valeur ni signification durable pour Buck.

Reszta ludzkości nie miała dla Bucka żadnej trwałej wartości ani znaczenia.

Les étrangers pourraient le féliciter ou caresser sa fourrure avec des mains amicales.

Obcy mogą go chwalić lub głaskać po futrze przyjaznymi dłońmi.

Buck resta impassible et s'éloigna à cause de trop d'affection.

Buck pozostał niewzruszony i odszedł, będąc pod wpływem zbytniej czułości.

Hans et Pete sont arrivés avec le radeau qu'ils attendaient depuis longtemps

Hans i Pete przybyli tratwą, na którą długo czekali

Buck les a ignorés jusqu'à ce qu'il apprenne qu'ils étaient proches de Thornton.

Buck ignorował ich, dopóki nie dowiedział się, że są blisko Thorntona.

Après cela, il les a tolérés, mais ne leur a jamais montré toute sa chaleur.

Potem tolerował ich, ale nigdy nie okazywał im pełnego ciepła.

Il prenait de la nourriture ou des marques de gentillesse de leur part comme s'il leur rendait service.

Przyjmował od nich jedzenie i okazywał życzliwość, jakby robił im przysługę.

Ils étaient comme Thornton : simples, honnêtes et clairs dans leurs pensées.

Byli jak Thornton – prości, uczciwi i jasno myślący.

Tous ensemble, ils se rendirent à la scierie de Dawson et au grand tourbillon

Wszyscy razem udali się do tartaku Dawsona i wielkiego wiru

Au cours de leur voyage, ils ont appris à comprendre profondément la nature de Buck.

Podczas podróży nauczyli się dogłębnie rozumieć naturę Bucka.

Ils n'ont pas essayé de se rapprocher comme Skeet et Nig l'avaient fait.

Nie próbowali się do siebie zbliżyć, jak to zrobili Skeet i Nig.

Mais l'amour de Buck pour John Thornton n'a fait que s'approfondir avec le temps.

Ale miłość Bucka do Johna Thorntona z czasem tylko się pogłębiała.

Seul Thornton pouvait placer un sac sur le dos de Buck en été.

Tylko Thornton potrafił umieścić plecak na grzbiecie Bucka latem.

Quoi que Thornton ordonne, Buck était prêt à l'exécuter pleinement.

Buck był gotów wykonać każde polecenie Thorntona.

Un jour, après avoir quitté Dawson pour les sources du Tanana,

Pewnego dnia, po opuszczeniu Dawson i udaniu się do źródeł rzeki Tanana,

le groupe était assis sur une falaise qui descendait d'un mètre jusqu'au substrat rocheux nu.

grupa siedziała na klifie, który opadał metr w dół, aż do nagiej skały.

John Thornton était assis près du bord et Buck se reposait à côté de lui.

John Thornton siedział blisko krawędzi, a Buck odpoczywał obok niego.

Thornton eut une pensée soudaine et attira l'attention des hommes.

Thorntonowi przyszła nagła myśl i zwrócił uwagę mężczyzn.

Il désigna le gouffre et donna un seul ordre à Buck.

Wskazał na przepaść i wydał Buckowi jedno polecenie.

« Saute, Buck ! » dit-il en balançant son bras au-dessus de la chute.

„Skacz, Buck!" powiedział, wyciągając rękę nad przepaścią.

En un instant, il dut attraper Buck, qui sautait pour obéir.

W pewnej chwili musiał złapać Bucka, który rzucił się, by wykonać jego polecenie.

Hans et Pete se sont précipités en avant et ont ramené les deux hommes en sécurité.

Hans i Pete rzucili się do przodu i odciągnęli ich obu w bezpieczne miejsce.

Une fois que tout fut terminé et qu'ils eurent repris leur souffle, Pete prit la parole.

Gdy wszystko dobiegło końca i zdążyli złapać oddech, Pete przemówił.

« L'amour est étrange », dit-il, secoué par la dévotion féroce du chien.

„Miłość jest niesamowita" – powiedział, wstrząśnięty wielkim oddaniem psa.

Thornton secoua la tête et répondit avec un sérieux calme.

Thornton pokręcił głową i odpowiedział ze spokojną powagą.

« Non, l'amour est splendide », dit-il, « mais aussi terrible. »

„Nie, miłość jest wspaniała" – powiedział – „ale i straszna".

« Parfois, je dois l'admettre, ce genre d'amour me fait peur. »

„Czasami, muszę przyznać, ten rodzaj miłości mnie przeraża."

Pete hocha la tête et dit : « Je détesterais être l'homme qui te touche. »

Pete skinął głową i powiedział: „Nie chciałbym być mężczyzną, który cię dotyka".

Il regarda Buck pendant qu'il parlait, sérieux et plein de respect.

Mówiąc to patrzył na Bucka poważnie i z szacunkiem.

« Py Jingo ! » s'empressa de dire Hans. « Moi non plus, non monsieur. »

„Py Jingo!" powiedział szybko Hans. „Ja też nie, nie, sir."

Avant la fin de l'année, les craintes de Pete se sont réalisées à Circle City.

Zanim rok dobiegł końca, obawy Pete'a spełniły się w Circle City.

Un homme cruel nommé Black Burton a provoqué une bagarre dans le bar.

Okrutny mężczyzna o imieniu Black Burton wszczął bójkę w barze.

Il était en colère et malveillant, s'en prenant à un nouveau tendre.

Był wściekły i złośliwy, atakował nowego nowicjusza.

John Thornton est intervenu, calme et de bonne humeur comme toujours.

John Thornton jak zwykle spokojny i życzliwy.

Buck était allongé dans un coin, la tête baissée, observant Thornton de près.

Buck leżał w kącie, z głową spuszczoną w dół, uważnie obserwując Thorntona.

Burton frappa soudainement, son coup envoyant Thornton tourner.

Burton nagle uderzył, jego cios powalił Thorntona.

Seule la barre du bar l'a empêché de s'écraser violemment au sol.

Tylko poręcz baru uchroniła go przed uderzeniem o ziemię.

Les observateurs ont entendu un son qui n'était ni un aboiement ni un cri.

Obserwatorzy usłyszeli dźwięk, który nie był szczekaniem ani piskiem

un rugissement profond sortit de Buck alors qu'il se lançait vers l'homme.

Buck wydał z siebie głęboki ryk i rzucił się w stronę mężczyzny.

Burton a levé le bras et a sauvé sa vie de justesse.

Burton podniósł rękę i cudem uratował sobie życie.

Buck l'a percuté, le faisant tomber à plat sur le sol.

Buck wpadł na niego i powalił go na podłogę.

Buck mordit profondément le bras de l'homme, puis se jeta à la gorge.

Buck wbił się głęboko w ramię mężczyzny i rzucił się na jego gardło.

Burton n'a pu bloquer que partiellement et son cou a été déchiré.

Burtonowi udało się zablokować tylko częściowo, w wyniku czego doszło do rozcięcia szyi.

Des hommes se sont précipités, les bâtons levés, et ont chassé Buck de l'homme ensanglanté.

Mężczyźni rzucili się do akcji, podnieśli pałki i zepchnęli Bucka z krwawiącego mężczyzny.

Un chirurgien est intervenu rapidement pour arrêter l'écoulement du sang.

Chirurg szybko zatamował odpływ krwi.

Buck marchait de long en large et grognait, essayant d'attaquer encore et encore.

Buck chodził tam i z powrotem, warcząc, próbując raz po raz atakować.

Seuls les coups de massue l'ont empêché d'atteindre Burton.

Tylko machnięcia kijami uniemożliwiły mu dotarcie do Burtona.

Une réunion de mineurs a été convoquée et tenue sur place.

Zwołano zebranie górników i odbyło się ono na miejscu.

Ils ont convenu que Buck avait été provoqué et ont voté pour le libérer.

Zgodzili się, że Buck został sprowokowany i zagłosowali za jego uwolnieniem.

Mais le nom féroce de Buck résonnait désormais dans tous les camps d'Alaska.

Ale groźne imię Bucka rozbrzmiewało teraz w każdym obozie na Alasce.

Plus tard cet automne-là, Buck sauva à nouveau Thornton d'une nouvelle manière.

Później tej jesieni Buck uratował Thorntona ponownie, ale w nowy sposób.

Les trois hommes guidaient un long bateau sur des rapides impétueux.

Trzej mężczyźni prowadzili długą łódź przez rwące bystrza.

Thornton dirigeait le bateau et donnait des indications pour se rendre sur le rivage.

Thornton kierował łodzią i wykrzykiwał wskazówki, jak dotrzeć do brzegu.

Hans et Pete couraient sur terre, tenant une corde d'arbre en arbre.

Hans i Pete biegali po lądzie, trzymając się liny rozpiętej między drzewami.

Buck suivait le rythme sur la rive, surveillant toujours son maître.

Buck biegł wzdłuż brzegu, cały czas obserwując swego pana.

À un endroit désagréable, des rochers surplombaient les eaux vives.

W jednym paskudnym miejscu spod rwącej wody wystawały skały.

Hans lâcha la corde et Thornton dirigea le bateau vers le large.

Hans puścił linę, a Thornton skierował łódź szeroko.

Hans sprinta pour rattraper le bateau en passant devant les rochers dangereux.

Hans pobiegł, aby dogonić łódź, mijając niebezpieczne skały.

Le bateau a franchi le rebord mais a heurté une partie plus forte du courant.

Łódź odbiła od krawędzi, ale uderzyła w silniejszy nurt.

Hans a attrapé la corde trop vite et a déséquilibré le bateau.

Hans chwycił linę zbyt szybko i łódź straciła równowagę.

Le bateau s'est retourné et a heurté la berge, cul en l'air.

Łódź przewróciła się i uderzyła dnem w brzeg.

Thornton a été jeté dehors et emporté dans la partie la plus sauvage de l'eau.

Thorntona wyrzucono i porwała w najdzikszą część wody.

Aucun nageur n'aurait pu survivre dans ces eaux mortelles et tumultueuses.

Żaden pływak nie przeżyłby w tych śmiercionośnych, rwących wodach.

Buck sauta instantanément et poursuivit son maître sur la rivière.

Buck natychmiast wskoczył do wody i pobiegł za swoim panem w dół rzeki.

Après trois cents mètres, il atteignit enfin Thornton.

Po trzystu jardach dotarł w końcu do Thorntona.

Thornton attrapa la queue de Buck, et Buck se tourna vers le rivage.

Thornton złapał Bucka za ogon, a Buck odwrócił się w stronę brzegu.

Il nageait de toutes ses forces, luttant contre la force de l'eau.

Płynął z całych sił, zmagając się z gwałtownym oporem wody.

Ils se déplaçaient en aval plus vite qu'ils ne pouvaient atteindre le rivage.

Przemieszczali się w dół rzeki szybciej, niż mogli dotrzeć do brzegu.

Plus loin, la rivière rugissait plus fort alors qu'elle tombait dans des rapides mortels.

Rzeka przed nami ryczała głośniej, wpadając w śmiercionośne bystrza.

Les rochers fendaient l'eau comme les dents d'un énorme peigne.

Skały przecinały wodę niczym zęby ogromnego grzebienia.

L'attraction de l'eau près de la chute était sauvage et inévitable.

Siła przyciągania wody w pobliżu spadku była ogromna i nieunikniona.

Thornton savait qu'ils ne pourraient jamais atteindre le rivage à temps.

Thornton wiedział, że nie dotrą na czas do brzegu.

Il a gratté un rocher, s'est écrasé sur un deuxième,

Przesunął się po jednym kamieniu, roztrzaskał drugi,

Et puis il s'est écrasé contre un troisième rocher, l'attrapant à deux mains.

A potem uderzył w trzecią skałę, chwytając ją obiema rękami.

Il lâcha Buck et cria par-dessus le rugissement : « Vas-y, Buck ! Vas-y ! »

Puścił Bucka i krzyknął ponad rykiem: „Dalej, Buck! Dawaj!"

Buck n'a pas pu rester à flot et a été emporté par le courant.

Buck nie zdołał utrzymać się na powierzchni i został pochłonięty przez prąd.

Il s'est battu avec acharnement, s'efforçant de se retourner, mais n'a fait aucun progrès.

Walczył z całych sił, usiłując się odwrócić, lecz nie zrobił żadnych postępów.

Puis il entendit Thornton répéter l'ordre par-dessus le rugissement de la rivière.

Wtedy usłyszał Thorntona powtarzającego rozkaz, przekrzykując szum rzeki.

Buck sortit de l'eau et leva la tête comme pour un dernier regard.

Buck wynurzył się z wody i podniósł głowę, jakby chciał rzucić ostatnie spojrzenie.

puis il se retourna et obéit, nageant vers la rive avec résolution.

po czym odwrócił się i posłuchał, płynąc zdecydowanie w stronę brzegu.

Pete et Hans l'ont tiré à terre au dernier moment possible.

Pete i Hans wyciągnęli go na brzeg w ostatniej chwili.

Ils savaient que Thornton ne pourrait s'accrocher au rocher que quelques minutes de plus.

Wiedzieli, że Thornton wytrzyma kurczowo trzymanie się skały jeszcze przez kilka minut.

Ils coururent sur la berge jusqu'à un endroit bien au-dessus de l'endroit où il était suspendu.

Pobiegli na brzeg, aż do miejsca wysoko nad miejscem, gdzie wisiał.

Ils ont soigneusement attaché la ligne du bateau au cou et aux épaules de Buck.

Ostrożnie przywiązali linę do szyi i ramion Bucka.

La corde était serrée mais suffisamment lâche pour permettre la respiration et le mouvement.

Lina była ciasna, ale jednocześnie wystarczająco luźna, aby umożliwić oddychanie i poruszanie się.

Puis ils le jetèrent à nouveau dans la rivière tumultueuse et mortelle.

Następnie wrzucili go ponownie do rwącej, śmiercionośnej rzeki.

Buck nageait avec audace mais manquait son angle face à la force du courant.

Buck płynął śmiało, ale nie trafił pod właściwy kąt, wpadając w rwący nurt.

Il a vu trop tard qu'il allait dépasser Thornton.

Za późno zdał sobie sprawę, że za chwilę wyprzedzi Thorntona.

Hans tira fort sur la corde, comme si Buck était un bateau en train de chavirer.

Hans szarpnął linę tak mocno, jakby Buck był wywracającą się łodzią.

Le courant l'a entraîné vers le fond et il a disparu sous la surface.

Prąd pociągnął go pod wodę i zniknął.

Son corps a heurté la berge avant que Hans et Pete ne le sortent.

Jego ciało uderzyło w brzeg, zanim Hans i Pete go wyciągnęli.

Il était à moitié noyé et ils l'ont chassé de l'eau.

Był na wpół utopiony, więc wylali z niego wodę.

Buck se leva, tituba et s'effondra à nouveau sur le sol.

Buck wstał, zachwiał się i znów padł na ziemię.

Puis ils entendirent la voix de Thornton faiblement portée par le vent.

Wtedy usłyszeli słaby głos Thorntona niesiony przez wiatr.

Même si les mots n'étaient pas clairs, ils savaient qu'il était proche de la mort.

Chociaż słowa były niejasne, wiedzieli, że jest bliski śmierci.

Le son de la voix de Thornton frappa Buck comme une décharge électrique.

Dźwięk głosu Thorntona uderzył Bucka niczym szok elektryczny.

Il sauta et courut sur la berge, retournant au point de lancement.

Wyskoczył i pobiegł na brzeg, wracając do punktu wyjścia.

Ils attachèrent à nouveau la corde à Buck, et il entra à nouveau dans le ruisseau.

Ponownie przywiązali linę do Bucka i ponownie wszedł do strumienia.

Cette fois, il nagea directement et fermement dans l'eau tumultueuse.

Tym razem popłynął prosto i pewnie pod rwącą wodę.

Hans laissa sortir la corde régulièrement tandis que Pete l'empêchait de s'emmêler.

Hans stopniowo rozluźniał linę, a Pete pilnował, żeby się nie zaplątała.

Buck a nagé avec acharnement jusqu'à ce qu'il soit aligné juste au-dessus de Thornton.

Buck płynął szybko, aż znalazł się tuż nad Thorntonem.

Puis il s'est retourné et a foncé comme un train à toute vitesse.

Następnie odwrócił się i ruszył w dół, niczym rozpędzony pociąg.

Thornton le vit arriver, se redressa et entoura son cou de ses bras.

Thornton dostrzegł go, wyprostował się i objął go ramionami za szyję.

Hans a attaché la corde fermement autour d'un arbre alors qu'ils étaient tous les deux entraînés sous l'eau.

Hans przywiązał linę mocno do drzewa i oboje zostali wciągnięci pod wodę.

Ils ont dégringolé sous l'eau, s'écrasant contre des rochers et des débris de la rivière.

Wpadli pod wodę, rozbijając się o skały i śmieci rzeczne.

Un instant, Buck était au sommet, l'instant d'après, Thornton se levait en haletant.

W jednej chwili Buck był na górze, w drugiej Thornton podniósł się, łapiąc oddech.

Battus et étouffés, ils se dirigèrent vers la rive et la sécurité.

Pobici i zadławieni, skierowali się w stronę brzegu, gdzie znaleźli się w bezpiecznym miejscu.

Thornton a repris connaissance, allongé sur un tronc d'arbre.

Thornton odzyskał przytomność, leżąc na dryfującym pniu.

Hans et Pete ont travaillé dur pour lui redonner souffle et vie.

Hans i Pete ciężko pracowali, aby przywrócić mu oddech i życie.

Sa première pensée fut pour Buck, qui gisait immobile et mou.

Jego pierwszą myślą był Buck, który leżał nieruchomo i bezwładnie.

Nig hurla sur le corps de Buck et Skeet lui lécha doucement le visage.

Nig zawył nad ciałem Bucka, a Skeet delikatnie lizał go po twarzy.

Thornton, endolori et meurtri, examina Buck avec des mains prudentes.

Thornton, obolały i posiniaczony, ostrożnie zbadał Bucka.

Il a trouvé trois côtes cassées, mais aucune blessure mortelle chez le chien.

Stwierdził u psa złamanie trzech żeber, ale nie stwierdzono u niego żadnych śmiertelnych ran.

« C'est réglé », dit Thornton. « On campe ici. » Et c'est ce qu'ils firent.

„To załatwia sprawę" – powiedział Thornton. „Rozbijamy tu obóz". I tak zrobili.

Ils sont restés jusqu'à ce que les côtes de Buck soient guéries et qu'il puisse à nouveau marcher.

Zostali tam, aż żebra Bucka się zagoiły i mógł znowu chodzić.

Cet hiver-là, Buck accomplit un exploit qui augmenta encore sa renommée.

Zimą Buck dokonał wyczynu, który jeszcze bardziej przyniósł mu sławę.

C'était moins héroïque que de sauver Thornton, mais tout aussi impressionnant.

Było to mniej bohaterskie niż uratowanie Thorntona, ale równie imponujące.

À Dawson, les partenaires avaient besoin de provisions pour un long voyage.

W Dawson partnerzy potrzebowali zapasów na daleką podróż.

Ils voulaient voyager vers l'Est, dans des terres sauvages et intactes.

Chcieli podróżować na wschód, ku dziewiczym krainom.

L'acte de Buck dans l'Eldorado Saloon a rendu ce voyage possible.

Wyczyn Bucka w Eldorado Saloon umożliwił tę podróż.

Tout a commencé avec des hommes qui se vantaient de leurs chiens en buvant un verre.

Wszystko zaczęło się od mężczyzn, którzy przy drinku chwalili się swoimi psami.

La renommée de Buck a fait de lui la cible de défis et de doutes.

Sława Bucka sprawiła, że stał się obiektem wyzwań i wątpliwości.

Thornton, fier et calme, resta ferme dans la défense du nom de Buck.

Thornton, dumny i spokojny, stanął twardo w obronie imienia Bucka.

Un homme a déclaré que son chien pouvait facilement tirer deux cents kilos.

Pewien mężczyzna stwierdził, że jego pies z łatwością potrafi uciągnąć pięćset funtów.

Un autre a dit six cents, et un troisième s'est vanté d'en avoir sept cents.

Inny chwalił się, że jest ich sześćset, a trzeci, że siedemset.

« Pfft ! » dit John Thornton, « Buck peut tirer un traîneau de mille livres. »

„Pfft!" powiedział John Thornton, „Buck potrafi ciągnąć sanie ważące tysiąc funtów".

Matthewson, un roi de Bonanza, s'est penché en avant et l'a défié.

Matthewson, członek Bonanza King, pochylił się do przodu i rzucił mu wyzwanie.

« Tu penses qu'il peut mettre autant de poids en mouvement ? »

„Myślisz, że on może wprawić w ruch aż taki ciężar?"

« Et tu penses qu'il peut tirer le poids sur une centaine de mètres ? »

„I myślisz, że da radę przeciągnąć ciężar na całe sto jardów?"

Thornton répondit froidement : « Oui. Buck est assez doué pour le faire. »

Thornton odpowiedział chłodno: „Tak. Buck jest wystarczająco psi, żeby to zrobić".

« Il mettra mille livres en mouvement et le tirera sur une centaine de mètres. »

„Wprawi w ruch tysiąc funtów i pociągnie sto jardów".

Matthewson sourit lentement et s'assura que tous les hommes entendaient ses paroles.

Matthewson uśmiechnął się powoli i upewnił się, że wszyscy mężczyźni usłyszeli jego słowa.

« J'ai mille dollars qui disent qu'il ne peut pas. Le voilà. »

„Mam tysiąc dolarów, które mówią, że nie może. Oto one."

Il a claqué un sac de poussière d'or de la taille d'une saucisse sur le bar.

Rzucił na bar worek wielkości kiełbasy wypełniony złotym pyłem.

Personne ne dit un mot. Le silence devint pesant et tendu autour d'eux.

Nikt nie powiedział ani słowa. Cisza wokół nich stała się ciężka i napięta.

Le bluff de Thornton – s'il en était un – avait été pris au sérieux.

Blef Thorntona — o ile można go było nazwać blefem — został potraktowany poważnie.

Il sentit la chaleur monter sur son visage tandis que le sang affluait sur ses joues.

Poczuł, jak twarz mu się czerwieni, a policzki napływają mu do oczu.

Sa langue avait pris le pas sur sa raison à ce moment-là.

W tym momencie jego język wziął górę nad rozumem.

Il ne savait vraiment pas si Buck pouvait déplacer mille livres.

Naprawdę nie wiedział, czy Buck będzie w stanie przetransportować tysiąc funtów.

Une demi-tonne ! Rien que sa taille lui pesait le cœur.

Pół tony! Już sam rozmiar sprawił, że jego serce zrobiło się ciężkie.

Il avait foi en la force de Buck et le pensait capable.

Wierzył w siłę Bucka i wierzył, że jest do tego zdolny.

Mais il n'avait jamais été confronté à ce genre de défi, pas comme celui-ci.

Ale nigdy wcześniej nie stanął przed takim wyzwaniem, nie w taki sposób.

Une douzaine d'hommes l'observaient tranquillement, attendant de voir ce qu'il allait faire.

Kilkunastu mężczyzn obserwowało go w milczeniu, czekając na to, co zrobi.

Il n'avait pas d'argent, ni Hans ni Pete.

Nie miał pieniędzy, podobnie jak Hans i Pete.

« J'ai un traîneau dehors », dit Matthewson froidement et directement.

„Mam sanki na zewnątrz" – powiedział Matthewson chłodno i bezpośrednio.

« Il est chargé de vingt sacs de cinquante livres chacun, tous de farine.

„Jest tam dwadzieścia worków, każdy po pięćdziesiąt funtów, wszystkie wypełnione mąką.

« Alors ne laissez pas un traîneau manquant devenir votre excuse maintenant », a-t-il ajouté.

Więc nie pozwól, żeby zgubione sanki stały się teraz twoją wymówką" – dodał.

Thornton resta silencieux. Il ne savait pas quels mots lui dire.

Thornton stał w milczeniu. Nie wiedział, jakie słowa zaproponować.

Il regarda les visages autour de lui sans les voir clairement.

Rozejrzał się po twarzach, ale nie widział ich wyraźnie.

Il ressemblait à un homme figé dans ses pensées, essayant de redémarrer.

Wyglądał jak człowiek zamrożony w myślach, próbujący
zacząć od nowa.

Puis il a vu Jim O'Brien, un ami de l'époque Mastodon.

Potem zobaczył Jima O'Briena, przyjaciela z czasów
Mastodona.

**Ce visage familier lui a donné un courage qu'il ne savait pas
avoir.**

Ta znajoma twarz dodała mu odwagi, o której istnieniu nie
miał pojęcia.

**Il se tourna et demanda à voix basse : « Peux-tu me prêter
mille ? »**

Odwrócił się i zapytał cichym głosem: „Czy możesz pożyczyć
mi tysiąc?"

**« Bien sûr », dit O'Brien, laissant déjà tomber un lourd sac
près de l'or.**

„Jasne" – powiedział O'Brien, upuszczając już ciężki worek
obok złota.

**« Mais honnêtement, John, je ne crois pas que la bête puisse
faire ça. »**

„Ale szczerze mówiąc, John, nie wierzę, że bestia jest w stanie
to zrobić".

**Tout le monde dans le Saloon Eldorado s'est précipité
dehors pour voir l'événement.**

Wszyscy obecni w Eldorado Saloon wybiegli na zewnątrz,
żeby zobaczyć wydarzenie.

**Ils ont laissé les tables et les boissons, et même les jeux ont
été interrompus.**

Zostawili stoły i napoje, a nawet gry zostały przerwane.

**Les croupiers et les joueurs sont venus assister à la fin de ce
pari audacieux.**

Krupierzy i hazardziści przybyli, aby być świadkami końca
śmiałego zakładu.

**Des centaines de personnes se sont rassemblées autour du
traîneau dans la rue glacée.**

Setki osób zebrały się wokół sań na oblodzonej ulicy.

**Le traîneau de Matthewson était chargé d'une charge
complète de sacs de farine.**

Sanie Matthewsona były załadowane workami z mąką.

Le traîneau était resté immobile pendant des heures à des températures négatives.

Sanie stały przez wiele godzin w ujemnych temperaturach.

Les patins du traîneau étaient gelés et collés à la neige tassée.

Płozy sań były przymarznięte do ubitego śniegu.

Les hommes ont offert une cote de deux contre un que Buck ne pourrait pas déplacer le traîneau.

Mężczyźni dawali dwa do jednego szansy, że Buck nie zdoła ruszyć sań.

Une dispute a éclaté sur ce que signifiait réellement « sortir ».

Wybuchł spór o to, co tak naprawdę oznacza „break out".

O'Brien a déclaré que Thornton devrait desserrer la base gelée du traîneau.

O'Brien powiedział, że Thornton powinien poluzować zamarzniętą podstawę sań.

Buck pourrait alors « sortir » d'un départ solide et immobile.

Buck mógł wtedy „wyrwać się" z solidnego, nieruchomego startu.

Matthewson a soutenu que le chien devait également libérer les coureurs.

Matthewson argumentował, że pies musi uwolnić również biegaczy.

Les hommes qui avaient entendu le pari étaient d'accord avec le point de vue de Matthewson.

Mężczyźni, którzy słyszeli o zakładzie, zgodzili się z poglądem Matthewsona.

Avec cette décision, les chances sont passées à trois contre un contre Buck.

Po tym orzeczeniu szanse Bucka wzrosły do trzech do jednego.

Personne ne s'est manifesté pour prendre en compte les chances croissantes de trois contre un.

Nikt nie wystąpił, by zniwelować rosnący stosunek szans trzech do jednego.

Pas un seul homme ne croyait que Buck pouvait accomplir un tel exploit.

Nikt nie wierzył, że Buck będzie w stanie dokonać tak wielkiego wyczynu.

Thornton s'était précipité dans le pari, lourd de doutes.

Thornton został wciągnięty w zakład pełen wątpliwości.

Il regarda alors le traîneau et l'attelage de dix chiens à côté.

Teraz spojrzał na sanie i jadący obok nich zaprzęg złożony z dziesięciu psów.

En voyant la réalité de la tâche, elle semblait encore plus impossible.

Realność zadania sprawiła, że wydało się ono jeszcze bardziej niemożliwe do wykonania.

Matthewson était plein de fierté et de confiance à ce moment-là.

W tym momencie Matthewson był pełen dumy i pewności siebie.

« Trois contre un ! » cria-t-il. « Je parie mille de plus, Thornton !

„Trzy do jednego!" krzyknął. „Założę się o kolejny tysiąc, Thornton!

« Que dites-vous ? » ajouta-t-il, assez fort pour que tout le monde l'entende.

Co mówisz?" – dodał wystarczająco głośno, aby wszyscy mogli go usłyszeć.

Le visage de Thornton exprimait ses doutes, mais son esprit s'était élevé.

Na twarzy Thorntona malowały się wątpliwości, lecz jego duch był silniejszy.

Cet esprit combatif ignorait les probabilités et ne craignait rien du tout.

Ten duch walki ignorował przeciwności losu i nie bał się niczego.

Il a appelé Hans et Pete pour apporter tout leur argent sur la table.

Zadzwonił do Hansa i Pete'a, żeby postawili wszystkie swoje pieniądze na stole.

Il ne leur restait plus grand-chose : seulement deux cents dollars au total.

Zostało im niewiele — łącznie tylko dwieście dolarów.

Cette petite somme représentait toute leur fortune pendant les temps difficiles.

Ta niewielka suma stanowiła ich cały majątek w trudnych czasach.

Pourtant, ils ont misé toute leur fortune contre le pari de Matthewson.

Mimo to postawili cały majątek przeciwko zakładowi Matthewsona.

L'attelage de dix chiens a été dételé et éloigné du traîneau.

Zaprzęg złożony z dziesięciu psów został odczepiony i odsunął się od sań.

Buck a été placé dans les rênes, portant son harnais familier.

Bucka posadzili na lejcach i założyli mu znaną uprząż.

Il avait capté l'énergie de la foule et ressenti la tension.

Wyczuł energię tłumu i napięcie.

D'une manière ou d'une autre, il savait qu'il devait faire quelque chose pour John Thornton.

W jakiś sposób wiedział, że musi coś zrobić dla Johna Thorntona.

Les gens murmuraient avec admiration devant la fière silhouette du chien.

Ludzie wyrażali podziw, widząc dumną sylwetkę psa.

Il était mince et fort, sans une seule once de chair supplémentaire.

Był szczupły i silny, nie miał ani grama zbędnego ciała.

Son poids total de cent cinquante livres n'était que puissance et endurance.

Jego masa całkowita, wynosząca sto pięćdziesiąt funtów, odzwierciedlała siłę i wytrzymałość.

Le pelage de Buck brillait comme de la soie, épais de santé et de force.

Sierść Bucka lśniła jak jedwab, gęsta od zdrowia i siły.

La fourrure le long de son cou et de ses épaules semblait se soulever et se hérisser.

Sierść na jego szyi i ramionach zdawała się unosić i jeżyć.

Sa crinière bougeait légèrement, chaque cheveu vivant de sa grande énergie.

Jego grzywa lekko się poruszała, każdy włos był ożywiony jego ogromną energią.

Sa large poitrine et ses jambes fortes correspondaient à sa silhouette lourde et robuste.

Jego szeroka klatka piersiowa i silne nogi pasowały do jego ciężkiej, wytrzymałej sylwetki.

Des muscles ondulaient sous son manteau, tendus et fermes comme du fer lié.

Mięśnie napinały się pod jego płaszczem, napięte i sztywne niczym żelazne obręcze.

Les hommes le touchaient et juraient qu'il était bâti comme une machine en acier.

Mężczyźni dotykali go i przysięgali, że jest zbudowany jak stalowa maszyna.

Les chances ont légèrement baissé à deux contre un contre le grand chien.

Szanse nieznacznie spadły do dwóch do jednego na niekorzyść wielkiego psa.

Un homme des bancs de Skookum s'avança en bégayant.

Mężczyzna ze Skookum Benches ruszył naprzód, jąkając się.

« Bien, monsieur ! J'offre huit cents pour lui – avant l'examen, monsieur ! »

„Dobrze, proszę pana! Oferuję za niego osiemset — przed testem, proszę pana!"

« Huit cents, tel qu'il est en ce moment ! » insista l'homme.

„Osiemset, tak jak stoi teraz!" – upierał się mężczyzna.

Thornton s'avança, sourit et secoua calmement la tête.

Thornton zrobił krok naprzód, uśmiechnął się i spokojnie pokręcił głową.

Matthewson est rapidement intervenu avec une voix d'avertissement et un froncement de sourcils.

Matthewson szybko zareagował, ostrzegawczo mówiąc:

« Éloignez-vous de lui », dit-il. « Laissez-lui de l'espace. »

„Musisz się od niego odsunąć" – powiedział. „Daj mu przestrzeń".

La foule se tut ; seuls les joueurs continuaient à miser deux contre un.

Tłum ucichł; tylko hazardziści oferowali dwa do jednego.

Tout le monde admirait la carrure de Buck, mais la charge semblait trop lourde.

Wszyscy podziwiali sylwetkę Bucka, ale ładunek wydawał się zbyt duży.

Vingt sacs de farine, pesant chacun cinquante livres, semblaient beaucoup trop.

Dwadzieścia worków mąki — każdy ważący pięćdziesiąt funtów — wydawało się o wiele za dużo.

Personne n'était prêt à ouvrir sa bourse et à risquer son argent.

Nikt nie chciał otwierać sakiewki i ryzykować pieniędzy.

Thornton s'agenouilla à côté de Buck et prit sa tête à deux mains.

Thornton uklęknął obok Bucka i ujął jego głowę obiema dłońmi.

Il pressa sa joue contre celle de Buck et lui parla à l'oreille.

Przycisnął policzek do policzka Bucka i zaczął mu mówić do ucha.

Il n'y avait plus de secousses enjouées ni d'insultes affectueuses murmurées.

Teraz nie było już żartobliwego potrząsania ani szeptanych czułych obelg.

Il murmura simplement doucement : « Autant que tu m'aimes, Buck. »

Wymamrotał tylko cicho: „Tak samo jak ty mnie kochasz, Buck".

Buck émit un gémissement silencieux, son impatience à peine contenue.

Buck wydał z siebie cichy jęk, ledwo powstrzymując swoją ekscytację.

Les spectateurs observaient avec curiosité la tension qui emplissait l'air.

Widzowie z ciekawością obserwowali, jak napięcie unosiło się w powietrzu.

Le moment semblait presque irréel, comme quelque chose qui dépassait la raison.

Ta chwila wydawała się prawie nierealna, jakby wykraczała poza granice rozsądku.

Lorsque Thornton se leva, Buck prit doucement sa main dans ses mâchoires.

Kiedy Thornton wstał, Buck delikatnie ujął jego dłoń w szczęki.

Il appuya avec ses dents, puis relâcha lentement et doucement.

Nacisnął zębami, a potem powoli i delikatnie puścił.

C'était une réponse silencieuse d'amour, non prononcée, mais comprise.

Była to cicha odpowiedź miłości, niewypowiedziana, lecz zrozumiana.

Thornton s'éloigna du chien et donna le signal.

Thornton odsunął się od psa i dał mu sygnał.

« Maintenant, Buck », dit-il, et Buck répondit avec un calme concentré.

„No, Buck" – powiedział, a Buck odpowiedział mu ze skupionym spokojem.

Buck a resserré les traces, puis les a desserrées de quelques centimètres.

Buck zacisnął sznurki, a potem poluzował je o kilka cali.

C'était la méthode qu'il avait apprise ; sa façon de briser le traîneau.

To była metoda, której się nauczył; jego sposób na zepsucie sań.

« Tiens ! » cria Thornton, sa voix aiguë dans le silence pesant.

„Ojej!" krzyknął Thornton ostrym głosem w ciężkiej ciszy.

Buck se tourna vers la droite et se jeta de tout son poids.

Buck obrócił się w prawo i rzucił się do przodu, wykorzystując cały swój ciężar.

Le mou disparut et toute la masse de Buck heurta les lignes serrées.

Luz zniknął, a cała masa Bucka uderzyła w napięte linki.

Le traîneau tremblait et les patins émettaient un bruit de crépitement.

Sanie zadrżały, a płozy wydały głośny trzask.

« Haw ! » ordonna Thornton, changeant à nouveau la direction de Buck.

„Haw!" – rozkazał Thornton, ponownie zmieniając kierunek Bucka.

Buck répéta le mouvement, cette fois en tirant brusquement vers la gauche.

Buck powtórzył ruch, tym razem skręcając ostro w lewo.

Le traîneau craquait plus fort, les patins claquaient et se déplaçaient.

Sanki trzaskały coraz głośniej, płozy pękały i przesuwały się.

La lourde charge glissait légèrement latéralement sur la neige gelée.

Ciężki ładunek lekko się przesuwał na boki po zamarzniętym śniegu.

Le traîneau s'était libéré de l'emprise du sentier glacé !

Sanki wyrwały się z uchwytu oblodzonej ścieżki!

Les hommes retenaient leur souffle, ignorant qu'ils ne respiraient même pas.

Mężczyźni wstrzymywali oddech, nie zdając sobie sprawy, że nie oddychają.

« Maintenant, TIREZ ! » cria Thornton à travers le silence glacial.

„Teraz CIĄGNIJ!" Thornton krzyknął przez mroźną ciszę.

L'ordre de Thornton résonna fort, comme le claquement d'un fouet.

Rozkaz Thorntona zabrzmiał ostro, jak trzask bicza.

Buck se jeta en avant avec un mouvement violent et saccadé.

Buck rzucił się do przodu, wykonując gwałtowny i wstrząsający atak.

Tout son corps se tendit et se contracta sous l'énorme tension.

Całe jego ciało było napięte i zmarszczone, pod wpływem ogromnego obciążenia.

Des muscles ondulaient sous sa fourrure comme des serpents prenant vie.

Mięśnie napinały się pod jego futrem niczym ożywione węże.

Sa large poitrine était basse, la tête tendue vers l'avant en direction du traîneau.

Jego wielka klatka piersiowa była nisko opuszczona, a głowa wyciągnięta do przodu w kierunku sań.

Ses pattes bougeaient comme l'éclair, ses griffes tranchant le sol gelé.

Jego łapy poruszały się błyskawicznie, pazury przecinały zamarzniętą ziemię.

Des rainures ont été creusées profondément alors qu'il luttait pour chaque centimètre de traction.

Walcząc o każdy centymetr przyczepności, pozostawił sobie głębokie koleiny.

Le traîneau se balança, trembla et commença un mouvement lent et agité.

Sanie zakołysały się, zadrżały i zaczęły poruszać się powoli i niespokojnie.

Un pied a glissé et un homme dans la foule a gémi à haute voix.

Jedna noga się poślizgnęła i jakiś mężczyzna w tłumie jęknął głośno.

Puis le traîneau s'élança en avant dans un mouvement saccadé et brusque.

Następnie sanie ruszyły do przodu szarpniętym, gwałtownym ruchem.

Cela ne s'est pas arrêté à nouveau - un demi-pouce... un pouce... deux pouces de plus.

Nie zatrzymało się już – jeszcze pół cala, cal, dwa cale.

Les secousses devinrent plus faibles à mesure que le traîneau commençait à prendre de la vitesse.

Szarpnięcia stawały się coraz słabsze, w miarę jak sanie nabierały prędkości.

Bientôt, Buck tirait avec une puissance douce et régulière.

Wkrótce Buck ciągnął już płynnie i równomiernie.

Les hommes haletèrent et finirent par se rappeler de respirer à nouveau.

Mężczyźni z trudem łapali oddech i w końcu przypomnieli sobie, że muszą oddychać.

Ils n'avaient pas remarqué que leur souffle s'était arrêté de stupeur.

Nie zauważyli, że ze zdumienia zaparło im dech w piersiach.

Thornton courait derrière, lançant des ordres courts et joyeux.

Thornton pobiegł za nim, wydając krótkie, wesołe polecenia.

Devant nous se trouvait une pile de bois de chauffage qui marquait la distance.

Przed nami znajdował się stos drewna na opał, który wyznaczał odległość.

Alors que Buck s'approchait du tas, les acclamations devenaient de plus en plus fortes.

W miarę jak Buck zbliżał się do stosu, wiwaty stawały się coraz głośniejsze.

Les acclamations se sont transformées en rugissement lorsque Buck a dépassé le point d'arrivée.

Okrzyki radości przerodziły się w ryk, gdy Buck minął punkt końcowy.

Les hommes ont sauté et crié, même Matthewson a esquissé un sourire.

Mężczyźni podskoczyli i krzyczeli, nawet Matthewson się uśmiechnął.

Les chapeaux volaient dans les airs, les mitaines étaient lancées sans réfléchir ni viser.

Kapelusze wzbiły się w powietrze, rękawice poleciały bez zastanowienia i celu.

Les hommes se sont attrapés et se sont serré la main sans savoir à qui.

Mężczyźni chwytali się za ręce i ściskali sobie dłonie, nie wiedząc kto.

Toute la foule bourdonnait d'une célébration folle et joyeuse.

Cały tłum szalał z radości i entuzjazmu.

Thornton tomba à genoux à côté de Buck, les mains tremblantes.

Thornton padł na kolana obok Bucka, drżącymi rękami.

Il pressa sa tête contre celle de Buck et le secoua doucement d'avant en arrière.

Przycisnął głowę do głowy Bucka i delikatnie potrząsnął nim w przód i w tył.

Ceux qui s'approchaient l'entendaient maudire le chien avec un amour silencieux.

Ci, którzy się zbliżyli, usłyszeli, jak przeklinał psa z cichą miłością.

Il a insulté Buck pendant un long moment, doucement, chaleureusement, avec émotion.

Przeklinał Bucka przez długi czas — cicho, serdecznie, z emocjami.

« Bien, monsieur ! Bien, monsieur ! » s'écria précipitamment le roi du Banc Skookum.

„Dobrze, panie! Dobrze, panie!" krzyknął pośpiesznie król ławy Skookum.

« Je vous donne mille, non, douze cents, pour ce chien, monsieur ! »

„Dam panu tysiąc — nie, tysiąc dwieście — za tego psa, panie!"

Thornton se leva lentement, les yeux brillants d'émotion.

Thornton powoli podniósł się, a jego oczy błyszczały emocją.

Les larmes coulaient ouvertement sur ses joues sans aucune honte.

Łzy spływały mu po policzkach bez żadnego wstydu.

« Monsieur », dit-il au roi du banc Skookum, ferme et posé.

„Panie" – powiedział do króla ławy Skookum, stanowczo i stanowczo

« Non, monsieur. Allez au diable, monsieur. C'est ma réponse définitive. »

„Nie, proszę pana. Może pan iść do diabła, proszę pana. To moja ostateczna odpowiedź".

Buck attrapa doucement la main de Thornton dans ses mâchoires puissantes.

Buck delikatnie chwycił dłoń Thorntona swoimi silnymi szczękami.

Thornton le secoua de manière enjouée, leur lien étant plus profond que jamais.

Thornton potrząsnął nim żartobliwie. Ich więź była głęboka jak zawsze.

La foule, émue par l'instant, recula en silence.

Tłum, poruszony chwilą, cofnął się w milczeniu.

Dès lors, personne n'osa interrompre cette affection si sacrée.

Od tamtej pory nikt nie odważył się przerwać tej świętej miłości.

Le son de l'appel
Dźwięk wezwania

Buck avait gagné seize cents dollars en cinq minutes.
Buck zarobił tysiąc szesnaścieset dolarów w pięć minut.
Cet argent a permis à John Thornton de payer une partie de ses dettes.
Dzięki tym pieniądzom John Thornton mógł spłacić część swoich długów.
Avec le reste de l'argent, il se dirigea vers l'Est avec ses partenaires.
Za resztę pieniędzy udał się ze swoimi wspólnikami na Wschód.
Ils cherchaient une mine perdue légendaire, aussi vieille que le pays lui-même.
Szukali legendarnej, zaginionej kopalni, tak starej jak sam kraj.
Beaucoup d'hommes avaient cherché la mine, mais peu l'avaient trouvée.
Wielu mężczyzn szukało kopalni, lecz niewielu ją znalazło.
Plus d'un homme avait disparu au cours de cette quête dangereuse.
Podczas tej niebezpiecznej wyprawy zniknęło wielu mężczyzn.
Cette mine perdue était enveloppée à la fois de mystère et d'une vieille tragédie.
Ta zaginiona kopalnia była owiana tajemnicą i dawną tragedią.
Personne ne savait qui avait été le premier homme à découvrir la mine.
Nikt nie wiedział, kto pierwszy odkrył kopalnię.
Les histoires les plus anciennes ne mentionnent personne par son nom.
Najstarsze opowieści nie wymieniają nikogo po imieniu.
Il y avait toujours eu là une vieille cabane délabrée.
Zawsze stała tam stara, rozpadająca się chata.
Des hommes mourants avaient juré qu'il y avait une mine à côté de cette vieille cabane.

Umierający mężczyźni przysięgali, że obok starej chaty znajdowała się kopalnia.

Ils ont prouvé leurs histoires avec de l'or comme on n'en trouve nulle part ailleurs.

Udowodnili swoje opowieści złotem, jakiego nie znaleziono nigdzie indziej.

Aucune âme vivante n'avait jamais pillé le trésor de cet endroit.

Żadna żywa istota nigdy nie ukradła skarbu z tego miejsca.

Les morts étaient morts, et les morts ne racontent pas d'histoires.

Umarli byli martwi, a umarli nie opowiadają historii.

Thornton et ses amis se dirigèrent donc vers l'Est.

Thornton i jego przyjaciele udali się więc na Wschód.

Pete et Hans se sont joints à eux, amenant Buck et six chiens forts.

Dołączyli do nich Pete i Hans, zabierając ze sobą Bucka i sześć silnych psów.

Ils se sont lancés sur un chemin inconnu là où d'autres avaient échoué.

Wyruszyli nieznanym szlakiem, na którym inni zawiedli.

Ils ont parcouru soixante-dix milles en traîneau sur le fleuve Yukon gelé.

Zjechali na sankach siedemdziesiąt mil w górę zamarzniętej rzeki Jukon.

Ils tournèrent à gauche et suivirent le sentier jusqu'au Stewart.

Skręcili w lewo i podążyli szlakiem do Stewart.

Ils passèrent le Mayo et le McQuestion, poursuivant leur route.

Minęli Mayo i McQuestion i poszli dalej.

Le Stewart s'est rétréci en un ruisseau, traversant des pics déchiquetés.

Rzeka Stewart zamieniła się w strumień, wijący się wśród poszarpanych szczytów.

Ces pics acérés marquaient l'épine dorsale même du continent.

Te ostre szczyty stanowiły trzon kontynentu.

John Thornton exigeait peu des hommes ou de la nature sauvage.

John Thornton nie wymagał wiele od ludzi i dzikiej przyrody.

Il ne craignait rien dans la nature et affrontait la nature sauvage avec aisance.

Nie bał się niczego w przyrodzie i z łatwością stawiał czoła dzikiej przyrodzie.

Avec seulement du sel et un fusil, il pouvait voyager où il le souhaitait.

Mając jedynie sól i karabin, mógł podróżować, dokąd chciał.

Comme les indigènes, il chassait de la nourriture pendant ses voyages.

Podobnie jak tubylcy, polował w trakcie podróży, aby zdobyć pożywienie.

S'il n'attrapait rien, il continuait, confiant en la chance qui l'attendait.

Jeżeli nic nie złowił, szedł dalej, licząc na szczęście.

Au cours de ce long voyage, la viande était la principale nourriture qu'ils mangeaient.

W czasie tej długiej podróży ich głównym pożywieniem było mięso.

Le traîneau contenait des outils et des munitions, mais aucun horaire strict.

. Na saniach znajdowały się narzędzia i amunicja, ale nie podano żadnego konkretnego rozkładu jazdy.

Buck adorait cette errance, la chasse et la pêche sans fin.

Buck uwielbiał te wędrówki, niekończące się polowania i łowienie ryb.

Pendant des semaines, ils ont voyagé jour après jour.

Przez tygodnie podróżowali dzień po dniu.

D'autres fois, ils établissaient des camps et restaient immobiles pendant des semaines.

Innym razem zakładali obozy i pozostawali w miejscu przez wiele tygodni.

Les chiens se reposaient pendant que les hommes creusaient dans la terre gelée.

Psy odpoczywały, podczas gdy mężczyźni kopali w zamarzniętej ziemi.

Ils chauffaient des poêles sur des feux et cherchaient de l'or caché.

Rozgrzewali patelnie nad ogniem i szukali ukrytego złota.

Certains jours, ils souffraient de faim, et d'autres jours, ils faisaient des festins.

Czasem głodowali, a czasem urządzali uczty.

Leurs repas dépendaient du gibier et de la chance de la chasse.

Ich wyżywienie zależało od upolowanej zwierzyny i szczęścia podczas polowania.

Quand l'été arrivait, les hommes et les chiens chargeaient des charges sur leur dos.

Kiedy nadeszło lato, mężczyźni i psy pakowali ładunki na plecy.

Ils ont fait du rafting sur des lacs bleus cachés dans des forêts de montagne.

Spływali tratwami po błękitnych jeziorach ukrytych w górskich lasach.

Ils naviguaient sur des bateaux minces sur des rivières qu'aucun homme n'avait jamais cartographiées.

Pływali smukłymi łódkami po rzekach, których żaden człowiek nigdy nie zmapował.

Ces bateaux ont été construits à partir d'arbres sciés dans la nature.

Łodzie te budowano z drzew ściętych na wolności.

Les mois passèrent et ils sillonnèrent des terres sauvages et inconnues.

Miesiące mijały, a oni przemierzali dzikie, nieznane krainy.

Il n'y avait pas d'hommes là-bas, mais de vieilles traces suggéraient qu'il y en avait eu.

Nie było tam żadnych mężczyzn, jednak stare ślady wskazywały, że byli tam kiedyś.

Si la Cabane Perdue était réelle, alors d'autres étaient déjà passés par là.

Jeśli Zaginiona Chata istniała naprawdę, to znaczy, że inni też kiedyś tędy przechodzili.

Ils traversaient des cols élevés dans des blizzards, même pendant l'été.

Przemierzali wysokie przełęcze w czasie zamieci, nawet latem.

Ils frissonnaient sous le soleil de minuit sur les pentes nues des montagnes.

Trzęśli się z zimna pod północnym słońcem na nagich zboczach gór.

Entre la limite des arbres et les champs de neige, ils montaient lentement.

Powoli wspinali się między linią drzew a polami śnieżnymi.

Dans les vallées chaudes, ils écrasaient des nuages de moucherons et de mouches.

W ciepłych dolinach odganiali chmary meszek i much.

Ils cueillaient des baies sucrées près des glaciers en pleine floraison estivale.

Zbierali słodkie jagody w pobliżu lodowców, w pełnym rozkwicie lata.

Les fleurs qu'ils ont trouvées étaient aussi belles que celles du Southland.

Kwiaty, które znaleźli, były równie piękne jak te w Southland.

Cet automne-là, ils atteignirent une région solitaire remplie de lacs silencieux.

Jesienią dotarli do odludnego regionu pełnego cichych jezior.

La terre était triste et vide, autrefois pleine d'oiseaux et de bêtes.

Kraj był smutny i pusty, kiedyś pełen ptaków i zwierząt.

Il n'y avait plus de vie, seulement le vent et la glace qui se formait dans les flaques.

Teraz nie było już żadnego życia, tylko wiatr i lód tworzący się w kałużach.

Les vagues s'écrasaient sur les rivages déserts avec un son doux et lugubre.

Fale uderzały o puste brzegi z cichym, żałobnym dźwiękiem.

Un autre hiver arriva et ils suivirent à nouveau de vieux sentiers lointains.

Nadeszła kolejna zima i znów podążali starymi, niewyraźnymi szlakami.

C'étaient les traces d'hommes qui les avaient cherchés bien avant eux.

To były ślady ludzi, którzy szukali tu na długo przed nimi.

Un jour, ils trouvèrent un chemin creusé profondément dans la forêt sombre.

Pewnego razu znaleźli ścieżkę prowadzącą głęboko w ciemny las.

C'était un vieux sentier, et ils sentaient que la cabane perdue était proche.

To był stary szlak i czuli, że zaginiona chata jest blisko.

Mais le sentier ne menait nulle part et s'enfonçait dans les bois épais.

Ale trop nie prowadził donikąd i nikł w gęstym lesie.

Personne ne savait qui avait fait ce sentier et pourquoi.

Nikt nie wiedział, kto stworzył ten szlak i w jakim celu.

Plus tard, ils ont trouvé l'épave d'un lodge caché parmi les arbres.

Później odnaleźli wrak domku letniskowego ukryty wśród drzew.

Des couvertures pourries gisaient éparpillées là où quelqu'un avait dormi.

Gnijące koce leżały porozrzucane w miejscu, w którym ktoś kiedyś spał.

John Thornton a trouvé un fusil à silex à long canon enterré à l'intérieur.

John Thornton znalazł wewnątrz zakopany pistolet skałkowy o długiej lufie.

Il savait qu'il s'agissait d'un fusil de la Baie d'Hudson depuis les premiers jours de son commerce.

Wiedział, że to broń z Zatoki Hudsona, już od początków handlu.

À cette époque, ces armes étaient échangées contre des piles de peaux de castor.

W tamtych czasach taką broń wymieniano na stosy skór bobrowych.

C'était tout : il ne restait aucune trace de l'homme qui avait construit le lodge.

To było wszystko — nie pozostał żaden ślad po człowieku, który zbudował ten ośrodek.

Le printemps est revenu et ils n'ont trouvé aucun signe de la Cabane Perdue.

Wiosna nadeszła ponownie, a oni nie znaleźli żadnego śladu Zaginionej Chaty.

Au lieu de cela, ils trouvèrent une large vallée avec un ruisseau peu profond.

Zamiast tego znaleźli szeroką dolinę z płytkim strumieniem.

L'or recouvrait le fond des casseroles comme du beurre jaune et lisse.

Złoto rozłożyło się na dnie patelni niczym gładkie, żółte masło.

Ils s'arrêtèrent là et ne cherchèrent plus la cabane.

Zatrzymali się tam i nie szukali już dalej chaty.

Chaque jour, ils travaillaient et trouvaient des milliers de pièces d'or en poudre.

Każdego dnia pracowali i znajdowali tysiące złotych monet w pyle.

Ils ont emballé l'or dans des sacs de peau d'élan, de cinquante livres chacun.

Zapakowali złoto do worków ze skóry łosia, każdy po pięćdziesiąt funtów.

Les sacs étaient empilés comme du bois de chauffage à l'extérieur de leur petite loge.

Torby ułożono w stosy niczym drewno na opał przed ich małym domkiem.

Ils travaillaient comme des géants et les jours passaient comme des rêves rapides.

Pracowali jak giganci, a dni mijały jak szybkie sny.

Ils ont amassé des trésors au fil des jours sans fin.

Gromadzili skarby, a dni mijały szybko i bez końca.

Les chiens n'avaient pas grand-chose à faire, à part transporter de la viande de temps en temps.

Psy nie miały praktycznie nic do roboty, poza od czasu do czasu dźwiganiem mięsa.

Thornton chassait et tuait le gibier, et Buck restait allongé près du feu.

Thornton upolował i zabił zwierzynę, a Buck położył się przy ogniu.

Il a passé de longues heures en silence, perdu dans ses pensées et ses souvenirs.

Spędzał długie godziny w milczeniu, pogrążony w myślach i wspomnieniach.

L'image de l'homme poilu revenait de plus en plus souvent à l'esprit de Buck.

Obraz kudłatego mężczyzny coraz częściej pojawiał się w umyśle Bucka.

Maintenant que le travail se faisait rare, Buck rêvait en clignant des yeux devant le feu.

Teraz, gdy pracy było coraz mniej, Buck, mrugając oczami, oddawał się marzeniom.

Dans ces rêves, Buck errait avec l'homme dans un autre monde.

W tych snach Buck wędrował z mężczyzną po innym świecie.

La peur semblait être le sentiment le plus fort dans ce monde lointain.

Strach zdawał się być najsilniejszym uczuciem w tym odległym świecie.

Buck vit l'homme poilu dormir avec la tête baissée.

Buck zobaczył, że kudłaty mężczyzna śpi z nisko pochyloną głową.

Ses mains étaient jointes et son sommeil était agité et interrompu.

Miał splecione ręce, a sen był niespokojny i przerywany.

Il se réveillait en sursaut et regardait avec crainte dans le noir.

Zwykle budził się nagle i z przestrachem wpatrywał się w ciemność.

Ensuite, il jetait plus de bois sur le feu pour garder la flamme vive.

Następnie dorzucał drewna do ognia, żeby podtrzymać płomień.

Parfois, ils marchaient le long d'une plage au bord d'une mer grise et infinie.

Czasami spacerowali po plaży wzdłuż szarego, bezkresnego morza.

L'homme poilu ramassait des coquillages et les mangeait en marchant.

Włochaty mężczyzna zbierał skorupiaki i jadł je po drodze.

Ses yeux cherchaient toujours des dangers cachés dans l'ombre.

Jego oczy zawsze wypatrywały ukrytych w cieniu niebezpieczeństw.

Ses jambes étaient toujours prêtes à sprinter au premier signe de menace.

Jego nogi były zawsze gotowe do sprintu przy pierwszym sygnale zagrożenia.

Ils rampaient à travers la forêt, silencieux et méfiants, côte à côte.

Przekradali się przez las, cicho i ostrożnie, ramię w ramię.

Buck le suivit sur ses talons, et tous deux restèrent vigilants.

Buck podążał za nim i obaj pozostali czujni.

Leurs oreilles frémissaient et bougeaient, leurs nez reniflaient l'air.

Ich uszy drgały i poruszały się, ich nosy węszyły powietrze.

L'homme pouvait entendre et sentir la forêt aussi intensément que Buck.

Mężczyzna słyszał i czuł zapach lasu tak samo wyraźnie jak Buck.

L'homme poilu se balançait à travers les arbres avec une vitesse soudaine.

Włochaty mężczyzna z nagłą prędkością przemknął między drzewami.

Il sautait de branche en branche, sans jamais lâcher prise.

Skakał z gałęzi na gałąź, ani razu nie puszczając chwytu.

Il se déplaçait aussi vite au-dessus du sol que sur celui-ci.

Poruszał się nad ziemią równie szybko, jak na niej.

Buck se souvenait des longues nuits passées sous les arbres, à veiller.

Buck wspominał długie noce spędzone pod drzewami i czuwanie.

L'homme dormait perché dans les branches, s'accrochant fermement.

Mężczyzna spał w gałęziach, kurczowo się ich trzymając.

Cette vision de l'homme poilu était étroitement liée à l'appel des profondeurs.

Wizja owłosionego mężczyzny była ściśle związana z głębokim nawoływaniem.

L'appel résonnait toujours à travers la forêt avec une force obsédante.

Głos wciąż rozbrzmiewał w lesie z niepokojącą siłą.

L'appel remplit Buck de désir et d'un sentiment de joie incessant.

Rozmowa ta napełniła Bucka tęsknotą i niespokojnym poczuciem radości.

Il ressentait d'étranges pulsions et des frémissements qu'il ne pouvait nommer.

Poczuł dziwne impulsy i poruszenia, których nie potrafił nazwać.

Parfois, il suivait l'appel au plus profond des bois tranquilles.

Czasami podążał za wołaniem głęboko w cichy las.

Il cherchait l'appel, aboyant doucement ou fort au fur et à mesure.

Szukał wołania, szczekając cicho lub ostro.

Il renifla la mousse et la terre noire où poussaient les herbes.

Wąchał mech i czarną glebę, gdzie rosła trawa.

Il renifla de plaisir aux riches odeurs de la terre profonde.

Zachichotał z zachwytu, czując bogate zapachy głębokiej ziemi.

Il s'est accroupi pendant des heures derrière des troncs couverts de champignons.

Godzinami przesiadywał w kucki za pniami pokrytymi grzybem.

Il resta immobile, écoutant les yeux écarquillés chaque petit bruit.

Pozostał nieruchomo, szeroko otwartymi oczami nasłuchując każdego, najmniejszego dźwięku.

Il espérait peut-être surprendre la chose qui avait lancé l'appel.

Mógł mieć nadzieję, że zaskoczy istotę, która zadzwoniła.

Il ne savait pas pourquoi il agissait de cette façon, il le faisait simplement.

Nie wiedział, dlaczego tak się zachował – po prostu tak zrobił.

Les pulsions venaient du plus profond de moi, au-delà de la pensée ou de la raison.

Impulsy te pochodziły z głębi, wykraczały poza myśl i rozum.

Des envies irrésistibles s'emparèrent de Buck sans avertissement ni raison.

Nieodparte pragnienia opanowały Bucka bez ostrzeżenia i bez powodu.

Parfois, il somnolait paresseusement dans le camp sous la chaleur de midi.

Czasami drzemał leniwie w obozie, w południowym upale.

Soudain, sa tête se releva et ses oreilles se dressèrent en alerte.

Nagle podniósł głowę i nastawił uszy.

Puis il se leva d'un bond et se précipita dans la nature sans s'arrêter.

Po czym zerwał się na nogi i bez zatrzymywania pobiegł w dzicz.

Il a couru pendant des heures à travers les sentiers forestiers et les espaces ouverts.

Biegał godzinami po leśnych ścieżkach i otwartych przestrzeniach.

Il aimait suivre les lits des ruisseaux asséchés et espionner les oiseaux dans les arbres.

Uwielbiał podążać za wyschniętymi korytami rzek i podglądać ptaki na drzewach.

Il pouvait rester caché toute la journée, à regarder les perdrix se pavaner.

Mógł cały dzień leżeć w ukryciu i obserwować przechadzające się dookoła kuropatwy.

Ils tambourinaient et marchaient, inconscients de la présence de Buck.

Bębnili i maszerowali, nieświadomi ciągłej obecności Bucka.

Mais ce qu'il aimait le plus, c'était courir au crépuscule en été.

Ale najbardziej lubił biegać o zmierzchu, latem.

La faible lumière et les bruits endormis de la forêt le remplissaient de joie.

Słabe światło i odgłosy sennego lasu napełniły go radością.

Il lisait les panneaux forestiers aussi clairement qu'un homme lit un livre.

Odczytywał znaki leśne tak wyraźnie, jak człowiek czyta książkę.

Et il cherchait toujours la chose étrange qui l'appelait.

I zawsze szukał tej dziwnej rzeczy, która go wzywała.

Cet appel ne s'est jamais arrêté : il l'atteignait qu'il soit éveillé ou endormi.

To powołanie nigdy nie ustało – docierało do niego, czy spał, czy czuwał.

Une nuit, il se réveilla en sursaut, les yeux perçants et les oreilles hautes.

Pewnej nocy obudził się gwałtownie, z wyostrzonym wzrokiem i nastawionymi uszami.

Ses narines se contractaient tandis que sa crinière se dressait en vagues.

Jego nozdrza drgały, a grzywa sterczała falami.

Du plus profond de la forêt, le son résonna à nouveau, le vieil appel.

Z głębi lasu znów dobiegł dźwięk – stare wołanie.

Cette fois, le son résonnait clairement, un hurlement long, obsédant et familier.

Tym razem dźwięk zabrzmiał wyraźnie - długie, przejmujące, znajome wycie.

C'était comme le cri d'un husky, mais d'un ton étrange et sauvage.

Brzmiało to jak krzyk husky'ego, ale dziwnie i dziko.

Buck reconnut immédiatement le son – il avait entendu exactement le même son depuis longtemps.

Buck rozpoznał ten dźwięk od razu – słyszał go już dawno temu.

Il sauta à travers le camp et disparut rapidement dans les bois.

Przeskoczył obóz i szybko zniknął w lesie.

Alors qu'il s'approchait du bruit, il ralentit et se déplaça avec précaution.

Zbliżając się do źródła dźwięku, zwolnił i zaczął poruszać się ostrożnie.

Bientôt, il atteignit une clairière entre d'épais pins.

Wkrótce dotarł do polany między gęstymi sosnami.

Là, debout sur ses pattes arrière, était assis un loup des bois grand et maigre.

Tam, wyprostowany na zadzie, siedział wysoki, chudy wilk leśny.

Le nez du loup pointait vers le ciel, résonnant toujours de l'appel.

Nos wilka skierowany był ku niebu, wciąż powtarzając wołanie.

Buck n'avait émis aucun son, mais le loup s'arrêta et écouta.

Buck nie wydał żadnego dźwięku, jednak wilk zatrzymał się i nasłuchiwał.

Sentant quelque chose, le loup se tendit, scrutant l'obscurité.

Wyczuwając coś, wilk napiął się i zaczął przeszukiwać ciemność.

Buck apparut en rampant, le corps bas, les pieds immobiles sur le sol.

Buck pojawił się w zasięgu wzroku, pochylony nisko i cicho stawiając stopy na ziemi.

Sa queue était droite, son corps enroulé sous la tension.

Jego ogon był prosty, a ciało ciasno napięte.

Il a montré à la fois une menace et une sorte d'amitié brutale.

Wykazywał zarówno groźbę, jak i rodzaj szorstkiej przyjaźni.

C'était le salut prudent partagé par les bêtes sauvages.

Było to ostrożne powitanie, jakim witały się dzikie zwierzęta.

Mais le loup se retourna et s'enfuit dès qu'il vit Buck.

Ale wilk odwrócił się i uciekł, gdy tylko zobaczył Bucka.

Buck se lança à sa poursuite, sautant sauvagement, désireux de le rattraper.

Buck rzucił się w pogoń, skacząc jak szalony, chcąc ją dogonić.

Il suivit le loup dans un ruisseau asséché bloqué par un embâcle.

Poszedł za wilkiem do wyschniętego strumienia zablokowanego zatorem drzewnym.

Acculé, le loup se retourna et tint bon.

Przyparty do muru wilk odwrócił się i stanął na swoim miejscu.

Le loup grognait et claquait comme un chien husky pris au piège dans un combat.

Wilk warczał i kłapał zębami jak schwytany w pułapkę pies husky w walce.

Les dents du loup claquaient rapidement, son corps se hérissant d'une fureur sauvage.

Zęby wilka szczękały szybko, jego ciało aż kipiało dziką furią.

Buck n'attaqua pas mais encercla le loup avec une gentillesse prudente.

Buck nie zaatakował, lecz okrążył wilka z ostrożną i przyjazną miną.

Il a essayé de bloquer sa fuite par des mouvements lents et inoffensifs.

Próbował zablokować mu ucieczkę powolnymi, niegroźnymi ruchami.

Le loup était méfiant et effrayé : Buck le dépassait trois fois.

Wilk był ostrożny i przestraszony — Buck przewyższał go wagą trzykrotnie.

La tête du loup atteignait à peine l'épaule massive de Buck.

Głowa wilka ledwo sięgała potężnego ramienia Bucka.

À l'affût d'une brèche, le loup s'est enfui et la poursuite a repris.

Wypatrując luki, wilk rzucił się do ucieczki, a pościg rozpoczął się na nowo.

Plusieurs fois, Buck l'a coincé et la danse s'est répétée.

Buck kilkakrotnie go osaczył, a taniec się powtórzył.

Le loup était maigre et faible, sinon Buck n'aurait pas pu l'attraper.

Wilk był chudy i słaby, w przeciwnym razie Buck nie mógłby go złapać.

Chaque fois que Buck s'approchait, le loup se retournait et lui faisait face avec peur.

Za każdym razem, gdy Buck się zbliżał, wilk odwracał się i ze strachem stawał mu naprzeciw.

Puis, à la première occasion, il s'est précipité dans les bois une fois de plus.

Następnie, przy pierwszej nadarzającej się okazji, pobiegł ponownie do lasu.

Mais Buck n'a pas abandonné et finalement le loup a fini par lui faire confiance.

Jednak Buck się nie poddał i wilk w końcu zaczął mu ufać.

Il renifla le nez de Buck, et les deux devinrent joueurs et alertes.

Powąchał nos Bucka, a obaj stali się chętni do zabawy i czujni.

Ils jouaient comme des animaux sauvages, féroces mais timides dans leur joie.

Bawili się jak dzikie zwierzęta, dzicy, ale nieśmiali w swojej radości.

Au bout d'un moment, le loup s'éloigna au trot avec un calme déterminé.

Po chwili wilk spokojnie i zdecydowanie oddalił się.

Il a clairement montré à Buck qu'il voulait être suivi.

Wyraźnie pokazał Buckowi, że chce, aby go śledzono.

Ils couraient côte à côte dans l'obscurité du crépuscule.

Biegli obok siebie w mrocznym półmroku.

Ils suivirent le lit du ruisseau jusqu'à la gorge rocheuse.

Podążali korytem potoku w górę skalistego wąwozu.

Ils traversèrent une ligne de partage des eaux froide où le ruisseau avait pris sa source.

Przekroczyli zimny rozdział wody, gdzie swój początek miał potok.

Sur la pente la plus éloignée, ils trouvèrent une vaste forêt et de nombreux ruisseaux.

Na przeciwległym zboczu zobaczyli rozległy las i wiele strumieni.

À travers ce vaste territoire, ils ont couru pendant des heures sans s'arrêter.

Przemierzali ten rozległy teren godzinami bez zatrzymywania się.

Le soleil se leva plus haut, l'air devint chaud, mais ils continuèrent à courir.

Słońce wznosiło się coraz wyżej, powietrze robiło się cieplejsze, ale oni biegli dalej.

Buck était rempli de joie : il savait qu'il répondait à son appel.

Bucka przepełniła radość — wiedział, że odpowiada na swoje powołanie.

Il courut à côté de son frère de la forêt, plus près de la source de l'appel.

Pobiegł obok swego leśnego brata, bliżej źródła wołania.

De vieux sentiments sont revenus, puissants et difficiles à ignorer.

Powróciły stare uczucia, silne i trudne do zignorowania.

C'étaient les vérités derrière les souvenirs de ses rêves.

Takie właśnie prawdy kryły się za wspomnieniami z jego snów.

Il avait déjà fait tout cela auparavant, dans un monde lointain et obscur.

Wszystko to robił już wcześniej, w odległym i mrocznym świecie.

Il recommença alors, courant librement avec le ciel ouvert au-dessus.

Teraz zrobił to znowu, biegając dziko, mając nad sobą otwarte niebo.

Ils s'arrêtèrent près d'un ruisseau pour boire l'eau froide qui coulait.

Zatrzymali się przy strumieniu, aby napić się zimnej wody.

Alors qu'il buvait, Buck se souvint soudain de John Thornton.

Pijąc, Buck nagle przypomniał sobie Johna Thorntona.

Il s'assit en silence, déchiré par l'attrait de la loyauté et de l'appel.

Usiadł w milczeniu, rozdarty pragnieniem lojalności i powołania.

Le loup continua à trotter, mais revint pour pousser Buck à avancer.

Wilk pobiegł dalej, ale wrócił i zmusił Bucka, by ruszył naprzód.

Il renifla son nez et essaya de le cajoler avec des gestes doux.

Wciągnął nosem powietrze i próbował go nakłonić delikatnymi gestami.

Mais Buck se retourna et reprit le chemin par lequel il était venu.

Jednak Buck zawrócił i ruszył z powrotem tą samą drogą.

Le loup courut à côté de lui pendant un long moment, gémissant doucement.

Wilk biegł obok niego przez długi czas, cicho wyjąc.

Puis il s'assit, leva le nez et poussa un long hurlement.

Następnie usiadł, podniósł nos i wydał przeciągły wycie.

C'était un cri lugubre, qui s'adoucit à mesure que Buck s'éloignait.

Był to żałosny krzyk, który stawał się coraz cichszy, gdy Buck odchodził.

Buck écouta le son du cri s'estomper lentement dans le silence de la forêt.

Buck słuchał, jak dźwięk krzyku powoli cichł w leśnej ciszy.

John Thornton était en train de dîner lorsque Buck a fait irruption dans le camp.

John Thornton jadł kolację, gdy Buck wpadł do obozu.

Buck sauta sauvagement sur lui, le léchant, le mordant et le faisant culbuter.

Buck rzucił się na niego jak szalony, liżąc, gryząc i przewracając go.

Il l'a renversé, s'est hissé dessus et l'a embrassé sur le visage.

Przewrócił go, wdrapał się na niego i pocałował go w twarz.

Thornton appelait cela avec affection « jouer le fou du commun ».

Thornton z sympatią nazywał to „bawieniem się w ogólnego błazna".

Pendant tout ce temps, il maudissait doucement Buck et le secouait d'avant en arrière.

Przez cały czas delikatnie przeklinał Bucka i potrząsał nim w przód i w tył.

Pendant deux jours et deux nuits entières, Buck n'a pas quitté le camp une seule fois.

Przez całe dwa dni i noce Buck ani razu nie opuścił obozu.

Il est resté proche de Thornton et ne l'a jamais quitté des yeux.

Trzymał się blisko Thorntona i nie spuszczał go z oczu.

Il le suivait pendant qu'il travaillait et le regardait pendant qu'il mangeait.

Podążał za nim, gdy pracował i obserwował go, gdy jadł.

Il voyait Thornton dans ses couvertures la nuit et dehors chaque matin.

Widział Thorntona zakrywającego się kocem wieczorem i każdego ranka wychodzącego.

Mais bientôt l'appel de la forêt revint, plus fort que jamais.

Ale wkrótce leśny zew powrócił, głośniejszy niż kiedykolwiek wcześniej.

Buck devint à nouveau agité, agité par les pensées du loup sauvage.

Buck znów zaczął się niepokoić, rozbudzony myślami o dzikim wilku.

Il se souvenait de la terre ouverte et de la course côte à côte.

Przypomniał sobie otwartą przestrzeń i bieganie ramię w ramię.

Il commença à errer à nouveau dans la forêt, seul et alerte.

Ponownie ruszył w głąb lasu, samotny i czujny.

Mais le frère sauvage ne revint pas et le hurlement ne fut pas entendu.

Ale dziki brat nie powracał i wycia nie było słychać.

Buck a commencé à dormir dehors, restant absent pendant des jours.

Buck zaczął spać na zewnątrz i czasami nie wychodził na kilka dni.

Une fois, il traversa la haute ligne de partage des eaux où le ruisseau commençait.

Pewnego razu przekroczył wysoki przełom, gdzie swój początek miał strumień.

Il entra dans le pays des bois sombres et des larges ruisseaux.

Wkroczył do krainy ciemnych lasów i szeroko płynących strumieni.

Pendant une semaine, il a erré, à la recherche de signes de son frère sauvage.

Przez tydzień wędrował w poszukiwaniu śladów dzikiego brata.

Il tuait sa propre viande et voyageait à grands pas, sans relâche.

Zabijał własne mięso i podróżował długimi, niestrudzonymi krokami.

Il pêchait le saumon dans une large rivière qui se jetait dans la mer.

Łowił łososie w szerokiej rzece, która wpadała do morza.

Là, il combattit et tua un ours noir rendu fou par les insectes.

Tam stoczył walkę i zabił czarnego niedźwiedzia, który był rozwścieczony insektami.

L'ours était en train de pêcher et courait aveuglément à travers les arbres.

Niedźwiedź łowił ryby i biegał na oślep między drzewami.

La bataille fut féroce, réveillant le profond esprit combatif de Buck.

Bitwa była zacięta i obudziła w Bucku głębokiego ducha walki.

Deux jours plus tard, Buck est revenu et a trouvé des carcajous près de sa proie.

Dwa dni później Buck wrócił i zastał w miejscu swojej zdobyczy rosomaki. ·

Une douzaine d'entre eux se disputaient la viande avec une fureur bruyante.

Kilkunastu z nich kłóciło się wściekle o mięso.

Buck chargea et les dispersa comme des feuilles dans le vent.

Buck rzucił się do ataku i rozrzucił je niczym liście na wietrze.

Deux loups restèrent derrière, silencieux, sans vie et immobiles pour toujours.

Dwa wilki pozostały – ciche, bez życia i nieruchome na zawsze.

La soif de sang était plus forte que jamais.

Pragnienie krwi było silniejsze niż kiedykolwiek.

Buck était un chasseur, un tueur, se nourrissant de créatures vivantes.

Buck był myśliwym i zabójcą, żywiącym się żywymi stworzeniami.

Il a survécu seul, en s'appuyant sur sa force et ses sens aiguisés.

Przeżył sam, polegając na swojej sile i wyostrzonych zmysłach.

Il prospérait dans la nature, où seuls les plus résistants pouvaient vivre.

Dobrze czuł się na wolności, gdzie mogli przeżyć tylko najtwardsi.

De là, une grande fierté s'éleva et remplit tout l'être de Buck.

Z tego powodu wielka duma napełniła całą istotę Bucka.

Sa fierté se reflétait dans chacun de ses pas, dans le mouvement de chacun de ses muscles.

Jego duma była widoczna na każdym kroku, w ruchu każdego mięśnia.

Sa fierté était aussi claire qu'un discours, visible dans la façon dont il se comportait.

Jego duma była tak wyraźna jak mowa, o czym można było się przekonać w sposobie, w jaki się zachowywał.

Même son épais pelage semblait plus majestueux et brillait davantage.

Nawet jego grube futro wyglądało bardziej majestatycznie i lśniło jaśniej.

Buck aurait pu être confondu avec un loup géant.

Bucka można było pomylić z olbrzymim wilkiem leśnym.

À l'exception du brun sur son museau et des taches au-dessus de ses yeux.

Z wyjątkiem brązu na pysku i plamek nad oczami.

Et la traînée de fourrure blanche qui courait au milieu de sa poitrine.

I biały pas futra biegnący przez środek klatki piersiowej.

Il était encore plus grand que le plus grand loup de cette race féroce.

Był większy nawet od największego wilka tej groźnej rasy.

Son père, un Saint-Bernard, lui a donné de la taille et une ossature lourde.

Jego ojciec, bernardyna, obdarzył go wzrostem i masywną budową ciała.

Sa mère, une bergère, a façonné cette masse en forme de loup.

Jego matka, pasterka, nadała tej bryle kształt przypominający wilka.

Il avait le long museau d'un loup, bien que plus lourd et plus large.

Miał długi pysk wilka, chociaż był cięższy i szerszy.

Sa tête était celle d'un loup, mais construite à une échelle massive et majestueuse.

Jego głowa była wilcza, ale zbudowana na ogromną, majestatyczną skalę.

La ruse de Buck était la ruse du loup et de la nature.

Przebiegłość Bucka była przebiegłością wilka i dziczy.

Son intelligence lui vient à la fois du berger allemand et du Saint-Bernard.

Jego inteligencja pochodziła zarówno od owczarka niemieckiego, jak i bernardyna.

Tout cela, ajouté à une expérience difficile, faisait de lui une créature redoutable.

Wszystko to, w połączeniu z trudnymi doświadczeniami, uczyniło z niego przerażającą istotę.

Il était aussi redoutable que n'importe quelle bête qui parcourait les régions sauvages du nord.

Był równie groźny jak każde zwierzę zamieszkujące północne pustkowia.

Ne se nourrissant que de viande, Buck a atteint le sommet de sa force.

Żyjąc wyłącznie na mięsie, Buck osiągnął szczyt swoich sił.

Il débordait de puissance et de force masculine dans chaque fibre de son être.

Każda cząstka jego ciała emanowała mocą i męską siłą.

Lorsque Thornton lui caressait le dos, ses poils brillaient d'énergie.

Kiedy Thornton pogłaskał go po plecach, włoski na jego plecach zaiskrzyły energią.

Chaque cheveu crépitait, chargé du contact du magnétisme vivant.

Każdy włos trzeszczał, naładowany dotykiem żywego magnetyzmu.

Son corps et son cerveau étaient réglés sur le ton le plus fin possible.

Jego ciało i mózg były dostrojone do jak najlepszego słyszenia.

Chaque nerf, chaque fibre et chaque muscle fonctionnaient en parfaite harmonie.

Każdy nerw, włókno i mięsień pracował w idealnej harmonii.

À tout son ou toute vue nécessitant une action, il répondait instantanément.

Na każdy dźwięk lub widok, który wymagał działania, reagował natychmiast.

Si un husky sautait pour attaquer, Buck pouvait sauter deux fois plus vite.

Gdyby husky rzucił się do ataku, Buck mógłby skoczyć dwa razy szybciej.

Il a réagi plus vite que les autres ne pouvaient le voir ou l'entendre.

Zareagował szybciej, niż ktokolwiek mógł zobaczyć lub usłyszeć.

La perception, la décision et l'action se sont produites en un seul instant fluide.

Spostrzeżenie, decyzja i działanie nastąpiły w jednym, płynnym momencie.

En vérité, ces actes étaient distincts, mais trop rapides pour être remarqués.

W rzeczywistości te akty były odrębne, ale nastąpiły zbyt szybko, by je zauważyć.

Les intervalles entre ces actes étaient si brefs qu'ils semblaient n'en faire qu'un.

Przerwy między tymi aktami były tak krótkie, że zdawały się stanowić jeden akt.

Ses muscles et son être étaient comme des ressorts étroitement enroulés.

Jego mięśnie i istota przypominały mocno napięte sprężyny.

Son corps débordait de vie, sauvage et joyeux dans sa puissance.

Jego ciało było pełne życia, dzikie i radosne w swojej sile.

Parfois, il avait l'impression que la force allait jaillir de lui entièrement.

Czasami miał wrażenie, że cała moc zaraz z niego wyparuje.

« Il n'y a jamais eu un tel chien », a déclaré Thornton un jour tranquille.

„Nigdy nie było takiego psa" – powiedział Thornton pewnego spokojnego dnia.

Les partenaires regardaient Buck sortir fièrement du camp.

Partnerzy obserwowali, jak Buck dumnie wychodzi z obozowiska.

« Lorsqu'il a été créé, il a changé ce que pouvait être un chien », a déclaré Pete.

„Kiedy powstał, zmienił sposób, w jaki może wyglądać pies" – powiedział Pete.

« Par Jésus ! Je le pense moi-même », acquiesça rapidement Hans.

„Na Jezusa! Ja też tak myślę" – Hans szybko się zgodził.

Ils l'ont vu s'éloigner, mais pas le changement qui s'est produit après.

Widzieli, jak odmaszerował, ale nie widzieli zmiany, która nastąpiła później.

Dès qu'il est entré dans les bois, Buck s'est complètement transformé.

Gdy tylko wszedł do lasu, Buck zmienił się diametralnie.

Il ne marchait plus, mais se déplaçait comme un fantôme sauvage parmi les arbres.

Już nie maszerował, lecz poruszał się jak dziki duch wśród drzew.

Il devint silencieux, les pieds comme un chat, une lueur traversant les ombres.

Stał się cichy, poruszał się jak kot, niczym migotanie przechodzące przez cienie.

Il utilisait la couverture avec habileté, rampant sur le ventre comme un serpent.

Zręcznie korzystał z osłony, czołgając się na brzuchu niczym wąż.

Et comme un serpent, il pouvait bondir en avant et frapper en silence.

I niczym wąż potrafił skoczyć do przodu i uderzyć w ciszy.

Il pourrait voler un lagopède directement dans son nid caché.

Potrafił ukraść pardwę prosto z jej ukrytego gniazda.

Il a tué des lapins endormis sans un seul bruit.

Zabijał śpiące króliki, nie wydając ani jednego dźwięku.

Il pouvait attraper des tamias en plein vol alors qu'ils fuyaient trop lentement.

Potrafił łapać wiewiórki w locie, gdy uciekały zbyt wolno.

Même les poissons dans les bassins ne pouvaient échapper à ses attaques soudaines.

Nawet ryby w stawach nie mogły uniknąć jego nagłych uderzeń.

Même les castors astucieux qui réparaient les barrages n'étaient pas à l'abri de lui.

Nawet sprytne bobry naprawiające tamy nie były przed nim bezpieczne.

Il tuait pour se nourrir, pas pour le plaisir, mais il préférait tuer ses propres victimes.

Zabijał dla pożywienia, nie dla zabawy – ale najbardziej lubił zabijać własne ofiary.

Pourtant, un humour sournois traversait certaines de ses chasses silencieuses.

Jednakże w niektórych jego cichych polowaniach wyczuwało się chytry humor.

Il s'est approché des écureuils, mais les a laissés s'échapper.

Podkradł się blisko wiewiórek, ale pozwolił im uciec.

Ils allaient fuir vers les arbres, bavardant dans une rage effrayée.

Zamierzali uciec w stronę drzew, szczebiocząc ze strachu i wściekłości.

À l'arrivée de l'automne, les orignaux ont commencé à apparaître en plus grand nombre.

Jesienią łosie zaczęły pojawiać się w większej liczbie.

Ils se sont déplacés lentement vers les basses vallées pour affronter l'hiver.

Powoli przesuwali się w głąb dolin, by spotkać zimę.

Buck avait déjà abattu un jeune veau errant.

Buck upolował już jedno młode, zagubione cielę.

Mais il aspirait à affronter des proies plus grandes et plus dangereuses.

Ale pragnął stawić czoła większej i bardziej niebezpiecznej zdobyczy.

Un jour, à la ligne de partage des eaux, à la tête du ruisseau, il trouva sa chance.

Pewnego dnia, na przełomie rzeki, u źródła potoku, znalazł swoją szansę.

Un troupeau de vingt orignaux avait traversé des terres boisées.

Stado dwudziestu łosi przeszło z terenów leśnych.

Parmi eux se trouvait un puissant taureau, le chef du groupe.

Wśród nich był potężny byk, przywódca grupy.

Le taureau mesurait plus de six pieds de haut et avait l'air féroce et sauvage.

Byk miał ponad sześć stóp wysokości i wyglądał groźnie i dziko.

Il lança ses larges bois, quatorze pointes se ramifiant vers l'extérieur.

Rozłożył szerokie poroże, z którego czternaście ramion rozgałęziało się na zewnątrz.

Les extrémités de ces bois s'étendaient sur sept pieds de large.

Końce tych poroży miały siedem stóp szerokości.

Ses petits yeux brûlaient de rage lorsqu'il aperçut Buck à proximité.

Jego małe oczy zapłonęły gniewem, gdy dostrzegł w pobliżu Bucka.

Il poussa un rugissement furieux, tremblant de fureur et de douleur.

Wydał z siebie wściekły ryk, trzęsąc się z wściekłości i bólu.

Une pointe de flèche sortait près de son flanc, empennée et pointue.

Koniec strzały wystawał z jego boku, pierzasty i ostry.

Cette blessure a contribué à expliquer son humeur sauvage et amère.

Ta rana pomogła wyjaśnić jego dziki, gorzki nastrój.

Buck, guidé par un ancien instinct de chasseur, a fait son mouvement.

Buck, kierowany starożytnym instynktem łowieckim, ruszył do akcji.

Son objectif était de séparer le taureau du reste du troupeau.

Jego celem było oddzielenie byka od reszty stada.

Ce n'était pas une tâche facile : il fallait de la rapidité et une ruse féroce.

Nie było to łatwe zadanie — wymagało szybkości i ogromnej przebiegłości.

Il aboyait et dansait près du taureau, juste hors de portée.

Szczekał i tańczył w pobliżu byka, tuż poza jego zasięgiem.

L'élan s'est précipité avec d'énormes sabots et des bois mortels.

Łoś rzucił się naprzód, mając ogromne kopyta i śmiercionośne porożem.

Un seul coup aurait pu mettre fin à la vie de Buck en un clin d'œil.

Jeden cios mógł w mgnieniu oka zakończyć życie Bucka.

Incapable de laisser la menace derrière lui, le taureau devint fou.

Byk wpadł w szał, ponieważ nie mógł pozbyć się zagrożenia.

Il chargea avec fureur, mais Buck s'échappa toujours.

Rzucił się do ataku z wściekłością, ale Buck zawsze uciekał.

Buck simula une faiblesse, l'attirant plus loin du troupeau.

Buck udawał słabość, odciągając go coraz dalej od stada.

Mais les jeunes taureaux allaient charger pour protéger le leader.

Jednak młode byki zamierzały zaszarżować, by chronić przywódcę.

Ils ont forcé Buck à battre en retraite et le taureau à rejoindre le groupe.

Zmusili Bucka do odwrotu, a byka do ponownego dołączenia do grupy.

Il y a une patience dans la nature, profonde et imparable.

W dziczy kryje się cierpliwość, głęboka i niepowstrzymana.

Une araignée attend immobile dans sa toile pendant d'innombrables heures.

Pająk czeka nieruchomo w swojej sieci przez niezliczone godziny.

Un serpent s'enroule sans tressaillement et attend que son heure soit venue.

Wąż zwija się bez drgnięcia i czeka, aż nadejdzie jego pora.

Une panthère se tient en embuscade, jusqu'à ce que le moment arrive.

Pantera czyha w zasadzce, aż nadejdzie właściwy moment.

C'est la patience des prédateurs qui chassent pour survivre.

Taka jest cierpliwość drapieżników, którzy polują, aby przetrwać.

Cette même patience brûlait à l'intérieur de Buck alors qu'il restait proche.

Ta sama cierpliwość płonęła w Bucku, gdy trzymał się blisko.

Il resta près du troupeau, ralentissant sa marche et suscitant la peur.

Trzymał się blisko stada, spowalniając jego marsz i wzbudzając strach.

Il taquinait les jeunes taureaux et harcelait les vaches mères.

Drażnił młode byki i nękał matki-krowy.

Il a plongé le taureau blessé dans une rage encore plus profonde et impuissante.

Doprowadził rannego byka do jeszcze większej, bezsilnej wściekłości.

Pendant une demi-journée, le combat s'est prolongé sans aucun répit.

Walka trwała pół dnia bez chwili wytchnienia.

Buck attaquait sous tous les angles, rapide et féroce comme le vent.

Buck atakował z każdej strony, szybko i gwałtownie jak wiatr.

Il a empêché le taureau de se reposer ou de se cacher avec son troupeau.

Nie pozwalał bykowi odpoczywać ani ukrywać się ze stadem.

Le cerf a épuisé la volonté de l'élan plus vite que son corps.

Buck osłabiał wolę łosia szybciej, niż jego ciało.

La journée passa et le soleil se coucha bas dans le ciel du nord-ouest.

Dzień minął, a słońce schowało się nisko na północno-zachodnim niebie.

Les jeunes taureaux revinrent plus lentement pour aider leur chef.

Młode byki wracały wolniej, by pomóc swemu przywódcy.

Les nuits d'automne étaient revenues et l'obscurité durait désormais six heures.

Wróciły noce jesienne, a ciemność trwała teraz sześć godzin.

L'hiver les poussait vers des vallées plus sûres et plus chaudes.

Zima zmuszała ich do zejścia w dół, w bezpieczniejsze i cieplejsze doliny.

Mais ils ne pouvaient toujours pas échapper au chasseur qui les retenait.

Ale nadal nie udało im się uciec przed myśliwym, który ich powstrzymywał.

Une seule vie était en jeu : pas celle du troupeau, mais celle de leur chef.

Stawką było życie tylko jednego człowieka — nie stada, lecz jego przywódcy.

Cela rendait la menace lointaine et non leur préoccupation urgente.

To sprawiło, że zagrożenie stało się odległe i nie stanowiło już dla nich pilnego problemu.

Au fil du temps, ils ont accepté ce prix et ont laissé Buck prendre le vieux taureau.

Z czasem zaakceptowali ten koszt i pozwolili Buckowi wziąć starego byka.

Alors que le crépuscule s'installait, le vieux taureau se tenait debout, la tête baissée.

Gdy zapadł zmrok, stary byk stanął z opuszczoną głową.

Il regarda le troupeau qu'il avait conduit disparaître dans la lumière déclinante.

Patrzył, jak stado, które poprowadził, znika w zanikającym świetle.

Il y avait des vaches qu'il avait connues, des veaux qu'il avait autrefois engendrés.

Były tam krowy, które znał, i cielęta, które kiedyś był ojcem.

Il y avait des taureaux plus jeunes qu'il avait combattus et dominés au cours des saisons précédentes.

W poprzednich sezonach walczył i dowodził młodszymi bykami.

Il ne pouvait pas les suivre, car Buck était à nouveau accroupi devant lui.

Nie mógł pójść za nimi, bo przed nim znów przycupnął Buck.

La terreur impitoyable aux crocs bloquait tous les chemins qu'il pouvait emprunter.

Bezlitosny terror o zębach blokował każdą ścieżkę, którą mógł podążać.

Le taureau pesait plus de trois cents livres de puissance dense.

Byk ważył ponad trzysta funtów gęstej mocy.

Il avait vécu longtemps et s'était battu avec acharnement dans un monde de luttes.

Żył długo i walczył dzielnie w świecie zmagań.

Mais maintenant, à la fin, la mort venait d'une bête bien en dessous de lui.

Jednak teraz, u kresu jego dni, śmierć przyszła od bestii żyjącej daleko pod nim.

La tête de Buck n'atteignait même pas les énormes genoux noueux du taureau.

Głowa Bucka nawet nie dotknęła potężnych kolan byka.

À partir de ce moment, Buck resta avec le taureau nuit et jour.

Od tego momentu Buck towarzyszył bykowi dzień i noc.

Il ne lui a jamais laissé de repos, ne lui a jamais permis de brouter ou de boire.

Nigdy nie dawał mu odpoczynku, nie pozwalał mu jeść ani pić.

Le taureau a essayé de manger de jeunes pousses de bouleau et des feuilles de saule.

Byk próbował zjeść młode pędy brzozy i liście wierzby.

Mais Buck le repoussa, toujours alerte et toujours attaquant.

Ale Buck go odpędził, zawsze czujny i ciągle atakujący.

Même dans les ruisseaux qui ruisselaient, Buck bloquait toute tentative assoiffée.

Nawet w rwących strumieniach Buck blokował każdą próbę ataku.

Parfois, par désespoir, le taureau s'enfuyait à toute vitesse.

Czasami, w desperacji, byk uciekał na pełnej prędkości.

Buck le laissa courir, galopant calmement juste derrière, jamais très loin.

Buck pozwolił mu biec, a ten spokojnie kłusował tuż za nim, nigdy za daleko.

Lorsque l'élan s'arrêta, Buck s'allongea, mais resta prêt.

Kiedy łoś się zatrzymał, Buck położył się, ale pozostał gotowy.

Si le taureau essayait de manger ou de boire, Buck frappait avec une fureur totale.

Jeśli byk próbował jeść lub pić, Buck atakował z całą furią.

La grosse tête du taureau s'affaissait sous ses vastes bois.

Ogromna głowa byka opadała coraz niżej pod jego wielkim porożem.

Son rythme ralentit, le trot devint lourd, une marche trébuchante.

Jego tempo zwolniło, kłus stał się ciężki; chód stał się potykającym się krokiem.

Il restait souvent immobile, les oreilles tombantes et le nez au sol.

Często stał nieruchomo z opadniętymi uszami i nosem przy ziemi.

Pendant ces moments-là, Buck prenait le temps de boire et de se reposer.

W tych chwilach Buck poświęcał czas na picie i odpoczynek.

La langue tirée, les yeux fixés, Buck sentait que la terre était en train de changer.

Buck wystawił język i utkwił wzrok w ziemi i wyczuł, że ziemia się zmienia.

Il sentit quelque chose de nouveau se déplacer dans la forêt et dans le ciel.

Wyczuł, że coś nowego porusza się w lesie i na niebie.

Avec le retour des orignaux, d'autres créatures sauvages ont fait de même.

Gdy powróciły łosie, powróciły również inne dzikie zwierzęta.

La terre semblait vivante, avec une présence invisible mais fortement connue.

Ziemia tętniła życiem, była niewidzialna, ale silnie znana.

Ce n'était ni par l'ouïe, ni par la vue, ni par l'odorat que Buck le savait.

Buck nie wiedział tego po dźwięku, wzroku ani zapachu.

Un sentiment plus profond lui disait que de nouvelles forces étaient en mouvement.

Głębsze przeczucie podpowiadało mu, że nadchodzą nowe siły.

Une vie étrange s'agitait dans les bois et le long des ruisseaux.

W lasach i wzdłuż strumieni tętniło dziwne życie.

Il a décidé d'explorer cet esprit, une fois la chasse terminée.

Postanowił zbadać tego ducha po zakończeniu polowania.

Le quatrième jour, Buck a finalement abattu l'élan.

Czwartego dnia Buckowi w końcu udało się upolować łosia.

Il est resté près de la proie pendant une journée et une nuit entières, se nourrissant et se reposant.

Pozostawał przy upolowanej zwierzynie przez cały dzień i noc, jedząc i odpoczywając.

Il mangea, puis dormit, puis mangea à nouveau, jusqu'à ce qu'il soit fort et rassasié.

Zjadł, potem poszedł spać, potem znowu jadł, aż był silny i pełny.

Lorsqu'il fut prêt, il retourna vers le camp et Thornton.

Gdy był gotowy, zawrócił w stronę obozu i Thornton.

D'un pas régulier, il commença le long voyage de retour vers la maison.

Stałym tempem rozpoczął długą podróż powrotną do domu.

Il courait d'un pas infatigable, heure après heure, sans jamais s'égarer.

Biegł swoim niestrudzonym tempem, godzinami i ani razu nie zboczył z trasy.

À travers des terres inconnues, il se déplaçait droit comme l'aiguille d'une boussole.

Przez nieznane krainy poruszał się prosto jak igła kompasu.

Son sens de l'orientation faisait paraître l'homme et la carte faibles en comparaison.

W porównaniu z nim człowiek i mapa wydawały się słabe.

Tandis que Buck courait, il sentait plus fortement l'agitation dans la terre sauvage.

Im bardziej Buck biegł, tym mocniej odczuwał poruszenie w dzikiej krainie.

C'était un nouveau genre de vie, différent de celui des mois calmes de l'été.

To był zupełnie nowy rodzaj życia, niepodobny do tego, jakie znaliśmy z spokojnych letnich miesięcy.

Ce sentiment n'était plus un message subtil ou distant.

To uczucie nie było już subtelnym i odległym przekazem.

Maintenant, les oiseaux parlaient de cette vie et les écureuils en bavardaient.

Ptaki opowiadały o tym życiu, a wiewiórki o nim ćwierkały.

Même la brise murmurait des avertissements à travers les arbres silencieux.

Nawet wiatr szeptał ostrzeżenia przez ciche drzewa.

Il s'arrêta à plusieurs reprises et respira l'air frais du matin.

Kilkakrotnie zatrzymywał się i wdychał świeże poranne powietrze.

Il y lut un message qui le fit bondir plus vite en avant.

Przeczytał tam wiadomość, która sprawiła, że skoczył naprzód jeszcze szybciej.

Un lourd sentiment de danger l'envahit, comme si quelque chose s'était mal passé.

Ogarnęło go silne poczucie zagrożenia, jakby coś poszło nie tak.

Il craignait qu'une catastrophe ne se produise – ou ne soit déjà arrivée.

Obawiał się, że nieszczęście nadejdzie — albo że już nadeszło.

Il franchit la dernière crête et entra dans la vallée en contrebas.

Przekroczył ostatni grzbiet i wszedł w dolinę poniżej.

Il se déplaçait plus lentement, alerte et prudent à chaque pas.

Poruszał się wolniej, był czujniejszy i ostrożniejszy z każdym krokiem.

À trois milles de là, il trouva une piste fraîche qui le fit se raidir.

Trzy mile dalej znalazł świeży ślad, który sprawił, że zesztywniał.

Les cheveux le long de son cou ondulaient et se hérissaient d'alarme.

Włosy na jego szyi zjeżyły się i zjeżyły ze strachu.

Le sentier menait directement au camp où Thornton attendait.

Szlak wiódł prosto do obozowiska, gdzie czekał Thornton.

Buck se déplaçait désormais plus rapidement, sa foulée à la fois silencieuse et rapide.

Buck poruszał się teraz szybciej, jego kroki były jednocześnie ciche i szybkie.

Ses nerfs se sont resserrés lorsqu'il a lu des signes que d'autres allaient manquer.

Jego nerwy napinały się, gdy czytał znaki, które inni mogli przegapić.

Chaque détail du sentier racontait une histoire, sauf le dernier morceau.

Każdy szczegół na szlaku opowiadał historię — z wyjątkiem ostatniego fragmentu.

Son nez lui parlait de la vie qui s'était déroulée ici.

Jego nos opowiedział mu o życiu, które tu przeminęło.

L'odeur lui donnait une image changeante alors qu'il le suivait de près.

Zapach ten nadał mu zmieniający się obraz, gdy podążał tuż za nim.

Mais la forêt elle-même était devenue silencieuse, anormalement immobile.

Lecz w samym lesie zapanowała cisza; nienaturalna nieruchomość.

Les oiseaux avaient disparu, les écureuils étaient cachés, silencieux et immobiles.

Ptaki zniknęły, wiewiórki się ukryły, były ciche i nieruchome.

Il n'a vu qu'un seul écureuil gris, allongé sur un arbre mort.

Zobaczył tylko jedną szarą wiewiórkę, leżącą płasko na martwym drzewie.

L'écureuil se fondait dans la masse, raide et immobile comme une partie de la forêt.

Wiewiórka wtopiła się w tłum, sztywna i nieruchoma, niczym część lasu.

Buck se déplaçait comme une ombre, silencieux et sûr à travers les arbres.

Buck poruszał się niczym cień, cicho i pewnie wśród drzew.

Son nez se souleva sur le côté comme s'il était tiré par une main invisible.

Jego nos drgnął na bok, jakby pociągała go jakaś niewidzialna ręka.

Il se retourna et suivit la nouvelle odeur jusqu'au plus profond d'un fourré.

Odwrócił się i podążył za nowym zapachem głęboko w gąszcz.

Là, il trouva Nig, étendu mort, transpercé par une flèche.

Tam znalazł Niga, leżącego martwego, przebitego strzałą.

La flèche traversa son corps, laissant encore apparaître ses plumes.

Strzała przeszła na wylot przez jego ciało, a pióra wciąż były widoczne.

Nig s'était traîné jusqu'ici, mais il était mort avant d'avoir pu obtenir de l'aide.

Nig dotarł tam o własnych siłach, ale zmarł zanim zdążył wezwać pomoc.

Une centaine de mètres plus loin, Buck trouva un autre chien de traîneau.

Sto metrów dalej Buck spotkał kolejnego psa zaprzęgowego.

C'était un chien que Thornton avait racheté à Dawson City.

Był to pies, którego Thornton kupił w Dawson City.

Le chien était en proie à une lutte à mort, se débattant violemment sur le sentier.

Pies toczył walkę na śmierć i życie, rzucając się z całych sił na szlaku.

Buck le contourna sans s'arrêter, les yeux fixés devant lui.

Buck ominął go, nie zatrzymując się, ze wzrokiem utkwionym przed siebie.

Du côté du camp venait un chant lointain et rythmé.

Z obozu dobiegał daleki, rytmiczny śpiew.

Les voix s'élevaient et retombaient sur un ton étrange, inquiétant et chantant.

Głosy wznosiły się i opadały, tworząc dziwny, niesamowity, śpiewny ton.

Buck rampa jusqu'au bord de la clairière en silence.

Buck w milczeniu podpełzł na skraj polany.

Là, il vit Hans étendu face contre terre, percé de nombreuses flèches.

Tam zobaczył Hansa leżącego twarzą do dołu, przebitego wieloma strzałami.

Son corps ressemblait à celui d'un porc-épic, hérissé de plumes.

Jego ciało przypominało jeżozwierza, najeżone pierzastymi trzonkami.

Au même moment, Buck regarda vers le pavillon en ruine.

W tym samym momencie Buck spojrzał w stronę zniszczonego domku.

Cette vue lui fit dresser les cheveux sur la nuque et les épaules.

Ten widok sprawił, że włosy stanęły mu dęba na szyi i ramionach.

Une tempête de rage sauvage parcourut tout le corps de Buck.

Burza dzikiej wściekłości ogarnęła całe ciało Bucka.

Il grogna à haute voix, même s'il ne savait pas qu'il l'avait fait.

Warknął głośno, choć nie był tego świadomy.

Le son était brut, rempli d'une fureur terrifiante et sauvage.

Dźwięk był surowy, pełen przerażającej, dzikiej furii.

Pour la dernière fois de sa vie, Buck a perdu la raison au profit de l'émotion.

Po raz ostatni w życiu Buck stracił rozum na rzecz emocji.

C'est l'amour pour John Thornton qui a brisé son contrôle minutieux.

To właśnie miłość do Johna Thorntona złamała jego staranną kontrolę.

Les Yeehats dansaient autour de la hutte en épicéa détruite.

Yeehatsowie tańczyli wokół zniszczonego świerkowego domku.

Puis un rugissement retentit et une bête inconnue chargea vers eux.

Potem rozległ się ryk i nieznana bestia rzuciła się w ich stronę.

C'était Buck ; une fureur en mouvement ; une tempête vivante de vengeance.

To był Buck; furia w ruchu; żywa burza zemsty.

Il se jeta au milieu d'eux, fou du besoin de tuer.

Rzucił się między nich, oszalały z potrzeby zabijania.

Il sauta sur le premier homme, le chef Yeehat, et frappa juste.

Rzucił się na pierwszego mężczyznę, wodza Yeehatów, i uderzył celnie.

Sa gorge fut déchirée et du sang jaillit à flots.

Jego gardło było rozerwane, a krew tryskała strumieniem.

Buck ne s'arrêta pas, mais déchira la gorge de l'homme suivant d'un seul bond.

Buck nie zatrzymał się, lecz jednym skokiem rozerwał gardło następnego mężczyzny.

Il était inarrêtable : il déchirait, taillait, ne s'arrêtait jamais pour se reposer.

Był niepowstrzymany – rozrywał, rąbał i nigdy nie odpoczywał.

Il s'élança et bondit si vite que leurs flèches ne purent l'atteindre.

Rzucił się i skoczył tak szybko, że ich strzały nie mogły go dosięgnąć.

Les Yeehats étaient pris dans leur propre panique et confusion.

Yeehatsowie ogarnęła panika i dezorientacja.

Leurs flèches manquèrent Buck et se frappèrent l'une l'autre à la place.
Ich strzały chybiły Bucka i trafiły się w siebie.
Un jeune homme a lancé une lance sur Buck et a touché un autre homme.
Jeden z młodzieńców rzucił włócznią w Bucka i trafił innego mężczyznę.
La lance lui transperça la poitrine, la pointe lui transperçant le dos.
Włócznia przebiła mu klatkę piersiową, a jej ostrze przebiło plecy.
La terreur s'empara des Yeehats et ils se mirent en retraite.
Yeehatów ogarnęła panika i natychmiast się wycofali.
Ils crièrent à l'Esprit Maléfique et s'enfuirent dans les ombres de la forêt.
Krzyczeli, że jest Zły Duch i uciekli w cienie lasu.
Vraiment, Buck était comme un démon alors qu'il poursuivait les Yeehats.
Buck naprawdę zachowywał się jak demon, ścigając Yeehatów.
Il les poursuivit à travers la forêt, les faisant tomber comme des cerfs.
Pobiegł za nimi przez las i powalił ich jak jelenie.
Ce fut un jour de destin et de terreur pour les Yeehats effrayés.
Dla przestraszonych Yeehatów stał się to dzień losu i grozy.
Ils se dispersèrent à travers le pays, fuyant au loin dans toutes les directions.
Rozproszyli się po całym kraju, uciekając w każdym kierunku.
Une semaine entière s'est écoulée avant que les derniers survivants ne se retrouvent dans une vallée.
Minął cały tydzień, zanim ostatni ocaleni spotkali się w dolinie.
Ce n'est qu'alors qu'ils ont compté leurs pertes et parlé de ce qui s'était passé.
Dopiero wtedy policzyli straty i opowiedzieli, co się wydarzyło.

Buck, après s'être lassé de la chasse, retourna au camp en ruine.

Buck, zmęczywszy się pościgiem, powrócił do zniszczonego obozu.

Il a trouvé Pete, toujours dans ses couvertures, tué lors de la première attaque.

Znalazł Pete'a, nadal zawiniętego w koc, zabitego w pierwszym ataku.

Les signes du dernier combat de Thornton étaient marqués dans la terre à proximité.

W pobliżu na ziemi widać ślady ostatniej walki Thorntona.

Buck a suivi chaque trace, reniflant chaque marque jusqu'à un point final.

Buck podążał każdym śladem, węsząc każdy znak aż do ostatniego punktu.

Au bord d'un bassin profond, il trouva le fidèle Skeet, allongé immobile.

Na skraju głębokiego basenu znalazł wiernego Skeeta, leżącego nieruchomo.

La tête et les pattes avant de Skeet étaient dans l'eau, immobiles dans la mort.

Głowa i przednie łapy Skeeta znajdowały się w wodzie, nieruchome, gdy umarł.

La piscine était boueuse et contaminée par les eaux de ruissellement provenant des écluses.

Basen był błotnisty i zanieczyszczony ściekami ze śluz.

Sa surface nuageuse cachait ce qui se trouvait en dessous, mais Buck connaissait la vérité.

Jego chmurzasta powierzchnia ukrywała to, co znajdowało się pod spodem, ale Buck znał prawdę.

Il a suivi l'odeur de Thornton dans la piscine, mais l'odeur ne menait nulle part ailleurs.

Podążył za zapachem Thorntona do basenu, ale zapach nie prowadził nigdzie indziej.

Aucune odeur ne menait à l'extérieur, seulement le silence des eaux profondes.

Nie było czuć żadnego zapachu, tylko cisza głębokiej wody.

Toute la journée, Buck resta près de la piscine, arpentant le camp avec chagrin.

Buck cały dzień przebywał przy basenie i pogrążony w smutku przechadzał się po obozie.

Il errait sans cesse ou restait assis, immobile, perdu dans ses pensées.

Wędrował niespokojnie albo siedział w bezruchu, pogrążony w głębokich myślach.

Il connaissait la mort, la fin de la vie, la disparition de tout mouvement.

Znał śmierć, koniec życia, zanik wszelkiego ruchu.

Il comprit que John Thornton était parti et ne reviendrait jamais.

Zrozumiał, że John Thornton odszedł i nigdy nie wróci.

La perte a laissé en lui un vide qui palpitait comme la faim.

Strata pozostawiła w nim pustkę, która pulsowała jak głód.

Mais c'était une faim que la nourriture ne pouvait apaiser, peu importe la quantité qu'il mangeait.

Ale głód ten nie mógł zostać zaspokojony jedzeniem, bez względu na to, ile zjadł.

Parfois, alors qu'il regardait les Yeehats morts, la douleur s'estompait.

Czasami, gdy patrzył na martwych Yeehatów, ból ustępował.

Et puis une étrange fierté monta en lui, féroce et complète.

A potem w jego wnętrzu narodziła się dziwna duma, dzika i całkowita.

Il avait tué l'homme, le gibier le plus élevé et le plus dangereux de tous.

Zabił człowieka, najgorszą i najniebezpieczniejszą ze wszystkich gier.

Il avait tué au mépris de l'ancienne loi du gourdin et des crocs.

Zabił wbrew starożytnemu prawu pałki i kłów.

Buck renifla leurs corps sans vie, curieux et pensif.

Buck powąchał ich martwe ciała, ciekawy i zamyślony.

Ils étaient morts si facilement, bien plus facilement qu'un husky dans un combat.

Zginęli tak łatwo – o wiele łatwiej niż husky w walce.

Sans leurs armes, ils n'avaient aucune véritable force ni menace.

Bez broni nie mieli prawdziwej siły i nie stanowili żadnego zagrożenia.

Buck n'aurait plus jamais peur d'eux, à moins qu'ils ne soient armés.

Buck nigdy więcej nie miał się ich bać, chyba że byli uzbrojeni.

Ce n'est que lorsqu'ils portaient des gourdins, des lances ou des flèches qu'il se méfiait.

Uważał tylko wtedy, gdy mieli przy sobie maczugi, włócznie lub strzały.

La nuit tomba et une pleine lune se leva au-dessus de la cime des arbres.

Zapadła noc, a księżyc w pełni wzniósł się wysoko nad czubkami drzew.

La pâle lumière de la lune baignait la terre d'une douce lueur fantomatique, comme le jour.

Blade światło księżyca skąpało ziemię w miękkim, upiornym blasku, niczym w dzień.

Alors que la nuit s'approfondissait, Buck pleurait toujours au bord de la piscine silencieuse.

Gdy noc robiła się coraz ciemniejsza, Buck wciąż pogrążony był w żałobie nad cichym basenem.

Puis il prit conscience d'un autre mouvement dans la forêt.

Wtedy zauważył w lesie jakieś dziwne poruszenie.

L'agitation ne venait pas des Yeehats, mais de quelque chose de plus ancien et de plus profond.

To poruszenie nie pochodziło od Yeehatów, ale od czegoś starszego i głębszego.

Il se leva, les oreilles dressées, le nez testant la brise avec précaution.

Wstał, nastawił uszy i ostrożnie sprawdził nosem wiatr.

De loin, un cri faible et aigu perça le silence.

Z oddali dobiegł słaby, ostry krzyk, który przeciął ciszę.

Puis un chœur de cris similaires suivit de près le premier.

Potem zaraz po pierwszym okrzyku rozległ się chór
podobnych okrzyków.

**Le bruit se rapprochait, devenant plus fort à chaque instant
qui passait.**

Dźwięk był coraz głośniejszy i zbliżał się z każdą chwilą.

**Buck connaissait ce cri : il venait de cet autre monde dans sa
mémoire.**

Buck znał ten krzyk — dochodził z innego świata w jego
pamięci.

**Il se dirigea vers le centre de l'espace ouvert et écouta
attentivement.**

Podszedł do środka otwartej przestrzeni i uważnie
nasłuchiwał.

L'appel retentit, multiple et plus puissant que jamais.

Wezwanie zabrzmiało głośno i potężniej niż kiedykolwiek.

**Et maintenant, plus que jamais, Buck était prêt à répondre à
son appel.**

I teraz, bardziej niż kiedykolwiek, Buck był gotowy
odpowiedzieć na swoje powołanie.

**John Thornton était mort et il ne lui restait plus aucun lien
avec l'homme.**

John Thornton nie żył i nie czuł już żadnego związku z
człowiekiem.

**L'homme et toutes ses prétentions avaient disparu : il était
enfin libre.**

Człowiek i wszelkie ludzkie roszczenia zniknęły – w końcu
był wolny.

**La meute de loups chassait de la viande comme les Yeehats
l'avaient fait autrefois.**

Stado wilków polowało na mięso, tak jak kiedyś robili to
Yeehatowie.

Ils avaient suivi les orignaux depuis les terres boisées.

Podążali za łosiami schodzącymi z zalesionych terenów.

**Maintenant, sauvages et affamés de proies, ils traversèrent
sa vallée.**

Teraz, dzicy i głodni zdobyczy, weszli do jego doliny.

Ils arrivèrent dans la clairière éclairée par la lune, coulant comme de l'eau argentée.

Wyszli na rozświetloną księżycem polanę, płynąc niczym srebrzysta woda.

Buck se tenait immobile au centre, les attendant.

Buck stał nieruchomo na środku, czekając na nich.

Sa présence calme et imposante a stupéfié la meute et l'a plongée dans un bref silence.

Jego spokojna, duża postać wprawiła w osłupienie stado, które na chwilę zamilkło.

Alors le loup le plus audacieux sauta droit sur lui sans hésitation.

Wtedy najodważniejszy wilk bez wahania rzucił się prosto na niego.

Buck frappa vite et brisa le cou du loup d'un seul coup.

Buck uderzył szybko i jednym ciosem złamał kark wilka.

Il resta immobile à nouveau tandis que le loup mourant se tordait derrière lui.

Znów stanął bez ruchu, gdy umierający wilk kręcił się za nim.

Trois autres loups ont attaqué rapidement, l'un après l'autre.

Trzy kolejne wilki zaatakowały szybko, jeden po drugim.

Chacun d'eux s'est retiré en sang, la gorge ou les épaules tranchées.

Każdy z nich wycofywał się krwawiąc, z podciętymi gardłami i ramionami.

Cela a suffi à déclencher une charge sauvage de toute la meute.

To wystarczyło, by całe stado rzuciło się do dzikiej szarży.

Ils se précipitèrent ensemble, trop impatients et trop nombreux pour bien frapper.

Wpadli razem, zbyt chętni i stłoczeni, by uderzyć skutecznie.

La vitesse et l'habileté de Buck lui ont permis de rester en tête de l'attaque.

Szybkość i umiejętności Bucka pozwoliły mu wyprzedzić atak.

Il tournait sur ses pattes arrière, claquant et frappant dans toutes les directions.

Obrócił się na tylnych nogach, kłapiąc i uderzając we wszystkich kierunkach.

Pour les loups, cela donnait l'impression que sa défense ne s'était jamais ouverte ou n'avait jamais faibli.

Dla wilków wyglądało to tak, jakby jego obrona w ogóle się nie otworzyła lub osłabła.

Il s'est retourné et a frappé si vite qu'ils ne pouvaient pas passer derrière lui.

Odwrócił się i ciął tak szybko, że nie mogli się za nim ukryć.

Néanmoins, leur nombre l'obligea à céder du terrain et à reculer.

Jednakże ich przewaga zmusiła go do ustąpienia i wycofania się.

Il passa devant la piscine et descendit dans le lit rocheux du ruisseau.

Minął basen i zszedł w dół, ku kamienistemu korytu strumienia.

Là, il se heurta à un talus abrupt de gravier et de terre.

Tam natknął się na stromą skarpę żwiru i brudu.

Il s'est retrouvé coincé dans un coin coupé lors des fouilles des mineurs.

Wcisnął się w narożnik wykopany przez górników.

Désormais protégé sur trois côtés, Buck ne faisait face qu'au loup de devant.

Chroniony z trzech stron Buck musiał stawić czoła tylko wilkowi z przodu.

Là, il se tenait à distance, prêt pour la prochaine vague d'assaut.

Tam stał w odosobnieniu, gotowy na kolejną falę ataku.

Buck a tenu bon si farouchement que les loups ont reculé.

Buck bronił swojej pozycji tak zaciekle, że wilki się wycofały.

Au bout d'une demi-heure, ils étaient épuisés et visiblement vaincus.

Po pół godzinie byli wyczerpani i widocznie pokonani.

Leurs langues pendaient, leurs crocs blancs brillaient au clair de lune.

Ich języki były wysunięte, a białe kły błyszczały w świetle księżyca.

Certains loups se sont couchés, la tête levée, les oreilles dressées vers Buck.

Niektóre wilki położyły się, podnosząc głowy i nastawiając uszy w stronę Bucka.

D'autres restaient immobiles, vigilants et observant chacun de ses mouvements.

Inni stali nieruchomo, czujni i obserwowali każdy jego ruch.

Quelques-uns se sont dirigés vers la piscine et ont bu de l'eau froide.

Kilku poszło do basenu i chłeptało zimną wodę.

Puis un loup gris, long et maigre, s'avança doucement.

Wtedy jeden długi, chudy, szary wilk delikatnie podkradł się do przodu.

Buck le reconnut : c'était le frère sauvage de tout à l'heure.

Buck rozpoznał go — to był ten sam dziki brat, co wcześniej.

Le loup gris gémit doucement, et Buck répondit par un gémissement.

Szary wilk zaskomlał cicho, a Buck odpowiedział mu tym samym.

Ils se touchèrent le nez, tranquillement et sans menace ni peur.

Dotykali się nosami, cicho, bez groźby czy strachu.

Ensuite est arrivé un loup plus âgé, maigre et marqué par de nombreuses batailles.

Następnie pojawił się starszy wilk, wychudzony i poznaczony bliznami odniesionymi w wielu bitwach.

Buck commença à grogner, mais s'arrêta et renifla le nez du vieux loup.

Buck zaczął warczeć, ale zatrzymał się i powąchał nos starego wilka.

Le vieux s'assit, leva le nez et hurla à la lune.

Starzec usiadł, podniósł nos i zawył do księżyca.

Le reste de la meute s'assit et se joignit au long hurlement.

Reszta watahy usiadła i przyłączyła się do długiego wycia.

Et maintenant, l'appel est venu à Buck, indubitable et fort.

I oto Buck usłyszał wezwanie, nieomylne i mocne.

Il s'assit, leva la tête et hurla avec les autres.

Usiadł, podniósł głowę i zawył razem z innymi.

Lorsque les hurlements ont cessé, Buck est sorti de son abri rocheux.

Kiedy wycie ucichło, Buck wyszedł ze swego kamiennego schronienia.

La meute se referma autour de lui, reniflant à la fois gentiment et avec prudence.

Stado zamknęło się wokół niego, węsząc jednocześnie życzliwie i ostrożnie.

Les chefs ont alors poussé un cri et se sont précipités dans la forêt.

Wtedy przywódcy wydali okrzyk i pobiegli do lasu.

Les autres loups suivirent, hurlant en chœur, sauvages et rapides dans la nuit.

Pozostałe wilki podążyły za nimi, wyjąc chórem, dziko i szybko w nocy.

Buck courait avec eux, à côté de son frère sauvage, hurlant en courant.

Buck biegł razem z nimi, obok swego dzikiego brata, wyjąc w trakcie biegu.

Ici, l'histoire de Buck fait bien de se terminer.

Tutaj historia Bucka dobiega końca.

Dans les années qui suivirent, les Yeehats remarquèrent d'étranges loups.

W kolejnych latach Yeehatowie zaczęli zauważać dziwne wilki.

Certains avaient du brun sur la tête et le museau, du blanc sur la poitrine.

Niektóre miały brązowe głowy i pyski, a białe klatki piersiowe.

Mais plus encore, ils craignaient une silhouette fantomatique parmi les loups.

Ale jeszcze bardziej bali się widmowej postaci pośród wilków.

Ils parlaient à voix basse du Chien Fantôme, chef de la meute.

Szeptem rozmawiali o Psie Duchu, przywódcy stada.

Ce chien fantôme était plus rusé que le plus audacieux des chasseurs Yeehat.

Ten Pies Duch był bardziej przebiegły niż najodważniejszy łowca Yeehatów.

Le chien fantôme a volé dans les camps en plein hiver et a déchiré leurs pièges.

W środku zimy duchy psów kradły obozy i rozrywały pułapki.

Le chien fantôme a tué leurs chiens et a échappé à leurs flèches sans laisser de trace.

Duch psa zabił ich psy i uniknął strzał bez śladu.

Même leurs guerriers les plus courageux craignaient d'affronter cet esprit sauvage.

Nawet ich najdzielniejsi wojownicy bali się stawić czoła temu dzikiemu duchowi.

Non, l'histoire devient encore plus sombre à mesure que les années passent dans la nature.

Nie, historia staje się coraz mroczniejsza, im więcej lat mija na wolności.

Certains chasseurs disparaissent et ne reviennent jamais dans leurs camps éloignés.

Niektórzy myśliwi znikają i nigdy nie wracają do swoich odległych obozów.

D'autres sont retrouvés la gorge arrachée, tués dans la neige.

Innych znaleziono zabitych na śniegu, z rozerwanymi gardłami.

Autour de leur corps se trouvent des traces plus grandes que celles que n'importe quel loup pourrait laisser.

Na ich ciałach widać ślady — większe, niż mógłby zostawić jakikolwiek wilk.

Chaque automne, les Yeehats suivent la piste de l'élan.

Każdej jesieni Yeehats podążają śladami łosia.

Mais ils évitent une vallée avec la peur profondément gravée dans leur cœur.

Jednak unikają jednej doliny, bo strach głęboko zapisał się w ich sercach.

Ils disent que la vallée a été choisie par l'Esprit du Mal pour y vivre.

Mówią, że dolinę tę wybrał Zły Duch na swój dom.

Et quand l'histoire est racontée, certaines femmes pleurent près du feu.

A gdy opowieść została opowiedziana, niektóre kobiety płakały przy ogniu.

Mais en été, un visiteur vient dans cette vallée tranquille et sacrée.

Ale latem do tej spokojnej, świętej doliny przybywa pewien turysta.

Les Yeehats ne le connaissent pas et ne peuvent pas le comprendre.

Yeehatowie nie wiedzą o nim i nie są w stanie go zrozumieć.

Le loup est un grand loup, revêtu de gloire, comme aucun autre de son espèce.

Wilk jest wielki, okryty chwałą, jak żaden inny w jego gatunku.

Lui seul traverse le bois vert et entre dans la clairière de la forêt.

On sam wychodzi z zielonego lasu i wchodzi na polanę leśną.

Là, la poussière dorée des sacs en peau d'élan s'infiltre dans le sol.

Tam złoty pył z worków ze skóry łosia wsiąka w glebę.

L'herbe et les vieilles feuilles ont caché le jaune du soleil.

Trawa i stare liście zasłoniły żółty kolor przed słońcem.

Ici, le loup se tient en silence, réfléchissant et se souvenant.

Tutaj wilk stoi w ciszy, rozmyśla i wspomina.

Il hurle une fois, longuement et tristement, avant de se retourner pour partir.

Wyje raz — długo i żałośnie — zanim odwraca się, by odejść.

Mais il n'est pas toujours seul au pays du froid et de la neige.

Jednak nie zawsze jest sam w krainie zimna i śniegu.

Quand les longues nuits d'hiver descendent sur les basses vallées.

Gdy długie zimowe noce zapadają w dolinach.

Quand les loups suivent le gibier à travers le clair de lune et le gel.

Kiedy wilki podążają za zwierzyną w świetle księżyca i mrozie.

Puis il court en tête du peloton, sautant haut et sauvagement.

Następnie biegnie na czele grupy, skacząc wysoko i dziko.

Sa silhouette domine les autres, sa gorge est animée par le chant.

Jego sylwetka góruje nad pozostałymi, a gardło rozbrzmiewa pieśnią.

C'est le chant du monde plus jeune, la voix de la meute.

To pieśń młodego świata, głos stada.

Il chante en courant, fort, libre et toujours sauvage.

Śpiewa podczas biegu – silny, wolny i wiecznie dziki.